阅读中国·外教社中文分级系列读物

总主编 程爱民

Selected Short Stories of
Lu Xun

原著 编者 六级主编
鲁迅 刘静静 鹿钦佞

六级
1

上海外语教育出版社
SHANGHAI FOREIGN LANGUAGE EDUCATION PRESS

主编的话

　　每个学习外语的人在学习初期都会觉得外语很难，除了教材，其他书基本上看不懂。很多年前，我有个学生，他大学一年级时在外语学院图书室帮忙整理图书，偶然看到一本《莎士比亚故事集》，翻了几页，发现自己看得懂，一下子就看入了迷。后来，他一有空就去图书室看那本书，很快看完了，发现自己的英语进步不少。其实，那本《莎士比亚故事集》就是一本牛津英语分级读物。这个故事告诉我们，适合外语学习者水平的书籍对外语学习有多么重要。

　　英语分级阅读进入中国已有几十年了，但国际中文分级教学以及分级读物编写实践才刚刚起步，中文分级读物不仅在数量上严重不足，编写质量上也存在许多问题。因此，在《国际中文教育中文水平等级标准》出台之后，我们就想着要编写一套适合全球中文学习者的国际中文分级读物，于是便有了这套《阅读中国·外教社中文分级系列读物》。

　　本套读物遵循母语为非中文者的中文习得基本规律，参考英语作为外语教学分级读物的编写理念和方法，设置鲜明的中国主题，采用适合外国读者阅读心理和阅读习惯的叙事话语方式，对标《国际中文教育中文水平等级标准》，是国内外第一套开放型、内容与语言兼顾、纸质和数字资源深度融合的国际中文教育分级系列读物。本套读物第一辑共 36 册，其中，一——六级每级各 5 册，七—九级共 6 册。

　　读万卷书，行万里路，这是两种认识世界的方法。现在，中国人去看世界，外国人来看中国，已成为一种全球景观。中国历史源远流长，中国文化丰富多彩，中国式现代化不断推进和拓展，确实值得来看看。如果你在学中文，对中国文化感兴趣，推荐你看看这套《阅读中国·外教社中文分级系列读物》。它不仅能帮助你更好地学习中文，也有助于你了解一个立体、真实、鲜活的中国。

程爱民

2023 年 5 月

目 录

阿Q正传

第一章 序

我想给阿Q做传，已经想了很长时间了。但是一方面想做，另一方面又犹豫，因为历史上有传记的人，都是有名的人，都是不朽的人，而阿Q既没有名气，也不是不朽的人，所以最终决定给他做传，心里总感到不安，因为这违反传统。

然而，要写这样一篇很快就会被人忘记的文章，也不是一件容易的事。第一，是因为文章的题目。孔子说过："名不正则言不顺。"如果文章的题目取不出来，下笔写作就很难。因为传的种类很多，而阿Q却都不适合——文章并不是和许多有钱人一样排在"正史"[1]里，不能叫"列传"；我自己并不是阿Q，不能叫"自传"；阿Q肯定不是神仙，不能用"内传"；阿Q自身也没有官方的指示立传，不能用

本级词

最终 | zuìzhōng
finally, ultimately

超纲词

传记 | zhuànjì
biography

不朽 | bùxiǔ
immortal, eternal

名气 | míngqi
fame, reputation

神仙 | shénxiān
supernatural being, celestial being

[1] 由官方编写或认可的历史书。

本级词

开头 | kāitóu
beginning, start

通报 | tōngbào
to circulate a notice

恰好 | qiàhǎo
exactly right

挨 | ái
to suffer, to endure

超纲词

妄称 | wàngchēng
to make a bold claim

古人 | gǔrén
people from ancient times, the ancients

格式 | géshì
format, style, layout

手舞足蹈 | shǒuwǔ-zúdǎo
to dance for joy

本家 | běnjiā
a member of the same clan

肃然起敬 | sùrán-qǐjìng
to be in awe of something

谁知道 | shéi zhīdào
who knows

胡说 | húshuō
to talk nonsense

"本传"……。"家传"可不可以呢？然而我既不知道与阿Q是否同姓，也没有接受过他子女的委托，也不合适。或许可以称为"小传"？但是阿Q又没有别的"大传"，也不可以。总之，这篇文章就成了"本传"，但是因为文章风格都是用的平常百姓说的话，所以不敢妄称，于是就从一般小说家常用的"闲话休提，言归正传"[1]这句话里，取出"正传"两个字，作为题目。这和古人写的《书法正传》[2]的"正传"字面上相近，却也没有别的办法了。

第二，是因为文章的格式。这类文章的开头一般是"某，字某，某地人也"，但是我并不知道阿Q的姓到底是什么。有一次，他似乎是姓赵，那是赵太爷[3]的儿子成为秀才[4]的时候，有人来村里通报，阿Q当时恰好喝了酒，他手舞足蹈地跟别人说他和赵太爷以前是本家，按照排辈，他比赵秀才还高三辈呢。旁人听后也因此对他肃然起敬。可是，谁知道，第二天他就被地保[5]叫到赵太爷家里挨教训去了！

赵太爷一见阿Q，就骂道："阿Q，你这个臭小子！你为什么跟别人说我是你的本家？"

阿Q不敢说话。

赵太爷越看越生气，前进几步说："你竟然敢胡说！我怎么会有你这样的本家？你姓赵吗？"

阿Q还是不说话，赵太爷跳过去打了他一巴掌。

[1] 原为小说常用语，意思是不要紧的话不说了，重新回到故事本身上来。后借指说话或写文章不要离题太远，还是要回到主题上来。
[2] 一部关于书法的书，这里的"正传"是"正确的传授"的意思。
[3] 古代对知府、知县等官吏的尊称。
[4] 古代知识分子的等级分为：童生、秀才、举人、进士。
[5] 古时候在乡镇上为官府办事的人，在村子里地位比普通老百姓略高，管一个或几个村子，是沟通地方政府与百姓的中间人。

"你怎么会姓赵！你哪里配姓赵！"

阿Q并没有辩解，只是用手摸着脸，和地保出去了；到了外面，又被地保教训了一番，他不得不给了地保二百文[1]酒钱。知道这件事的人都说阿Q太笨，自己去找打。不过，他可能真的不一定姓赵，即使真的姓赵，有赵太爷在这里，他也不应该如此胡说。从那以后，再也没有人提起阿Q的姓氏来，所以，我到现在也不知道他究竟姓什么。

第三，我不知道阿Q的名字怎么写。他活着的时候，人们都叫他阿Quei，他死了以后，没有人再叫阿Quei了，自然更没有关于他的任何记载，这篇文章还是第一次。我曾经想：阿Quei，是阿桂，还是阿贵呢？如果他有号[2]叫月亭，或者在八月过生日，那一定是阿桂，可是他都没有。如果他有兄弟叫阿富，那也一定是阿贵，可是他又只是一个人，没有兄弟姐妹。所以，写作阿贵，是没有依据的。之前，我曾经问过赵太爷的儿子，可是连他也不知道。据说是因为陈独秀[3]创办了《新青年》[4]，提倡洋字，所以无法查明了。我的最后的办法是委托一个老乡去查找阿Q犯罪的记录，八个月之后才终于有回信，犯罪的人里也没有与阿Quei的发音相似的人。我不知道是真没有，还是他没有去查，却再也没有别的办法了。只好按照英国流行的写法，写为阿Quei，省略为阿Q。这个做法类似于盲从《新青年》，我自己也感到很

---

[1] 量词，用于计算铜钱的基本单位。古代称一枚铜钱为一文，一文铜钱相当于现在的 0.1 元人民币。
[2] 原指名和字以外另起的别号，后来也指名以外另起的字。
[3] 陈独秀（1879–1942）：新文化运动的倡导者，中国共产党的主要创始人之一。
[4] 20 世纪 20 年代在中国具有影响力的革命杂志。

本级词

一番 | yìfān
a bit, some

创办 | chuàngbàn
to establish, to found

洋 | yáng
foreign (mostly Western)

老乡 | lǎoxiāng
a fellow townsman, a fellow villager

犯罪 | fànzuì
to commit a crime

超纲词

辩解 | biànjiě
to justify, to explain

文 | wén
penny, a measure word for copper coins in the old days

姓氏 | xìngshì
family name

查明 | chámíng
to investigate, to find out

查找 | cházhǎo
to search for

省略 | shěnglüè
to omit, to leave out

盲从 | mángcóng
to follow blindly

本级词

抱歉 | bàoqiàn
apologetic, pity

绝 | jué
definitely, absolutely

至于 | zhìyú
as for, as to

消灭 | xiāomiè
to annihilate, to eliminate

超纲词

籍贯 | jíguàn
the place of one's birth or origin

编写 | biānxiě
to compile, to compose

牵强附会 | qiānqiǎng-fùhuì
to give a strained interpretation

门人 | ménrén
disciple, a hanger-on of an aristocrat

热衷 | rèzhōng
to be passionate about, to be keen on

考证 | kǎozhèng
to do textual research

序 | xù
preface

抱歉，但是连赵太爷的秀才儿子都不知道，我也没有别的好办法了。

第四，是因为阿Q的籍贯。如果他姓赵，就可以按照《郡名百家姓》[1]上的解释，说他是"陇西天水人"，但是因为他的"姓"不太可靠，籍贯也就不能确定。他虽然经常住在未庄，但是也常常住在别的地方，所以也不能说是未庄人，即使说他是"未庄人也"，也仍然违反史书的编写方法。

我唯一感到安慰的，是还有一个"阿"字非常正确，绝没有牵强附会的缺点。至于其他方面，恐怕需要由胡适之[2]先生的门人们来找线索了，他们热衷于考证。不过，如果真到了那个时候，我的这篇《阿Q正传》恐怕早就被消灭掉了。

以上是文章的序言。

[1] 在每一个姓上标注地方区域的名称，表示某姓的望族曾经居住在古代某地，如赵为"天水"、钱为"彭城"。
[2] 即胡适（1891–1962）：安徽绩溪人，中国现代思想家、文学家、哲学家。

练 习

一、根据文章判断正误。

（　　　）1. 阿Q很有名。

（　　　）2. 序言主要介绍了阿Q的身份、地位。

（　　　）3. 阿Q姓"赵"，称"阿"，是未庄人。

（　　　）4. 阿Q有一个兄弟叫阿富。

（　　　）5. 阿Q的姓氏、名字、籍贯都不清楚。

二、根据文章填空。

1. 历史上有传记的人，都是有名的人，都是＿＿＿＿＿＿＿＿人。

2. 阿Q当时＿＿＿＿＿＿＿喝了酒，他＿＿＿＿＿＿＿地跟别人说他和赵太爷
　　以前是本家。

3. 你怎么会姓赵！你哪里＿＿＿＿＿＿＿姓赵！

4. 阿Q并没有＿＿＿＿＿＿＿，只是用手摸着脸，和地保出去了。

5. 我唯一感到安慰的，是还有一个"阿"字非常正确，＿＿＿＿＿＿＿没有
　　＿＿＿＿＿＿＿的缺点。

三、根据文章回答问题。

1. 在序言中，作者主要谈了哪几方面的问题？

2. 作者用大段文字考察了阿Q的姓名，是想说明什么？请谈谈你的看法。

5

第二章 优胜记略

阿Q不仅姓名和籍贯不清楚，连他之前的经历也是模糊不清的。因为对于<u>未庄</u>的人来说，他们只有在需要<u>阿Q</u>帮忙的时候，或者拿他开玩笑的时候，才想起<u>阿Q</u>，从来没有人关注过他的<u>事迹</u>。阿Q自己也不对别人说，他只是在和别人吵架的时候，才偶尔生气地<u>说道</u>：

"我们先前——比你<u>阔</u>多啦！你算什么东西！"

<u>阿Q</u>没有家，他平时住在<u>未庄</u>的<u>土谷祠</u>里。他也没有固定的工作，只是给别人家做小时工。如果工作时间比较长，他有时就住在别人家里，但是工作一完成，他就离开了。所以，人们只有在很忙的时候才会想起他来，一旦闲着，连阿Q这个人都早忘记了，更不记得他的事迹了。有一次，一个老年人说："<u>阿Q</u>真能干！"但是这时候，<u>阿Q</u>正懒洋洋地坐在他面前，什么也没做，所以，别人也分不清楚这句话到底是真心话，还是<u>讽刺</u>他的话，而<u>阿Q</u>自己却很喜欢听。

<u>阿Q</u>也很<u>自负</u>。<u>未庄</u>的人，他都没有放在眼里，包括两位"文童"。文童，是将来要成为秀才的人；<u>赵太爷</u>、<u>钱太爷</u>受人尊敬，除了因为有钱之外，还因为他们都是文童的父亲。然而，<u>阿Q</u>却<u>不以为意</u>，他心里想：我的儿子比你们的儿子强多啦！再加上他去过几次城里，自然更<u>骄傲</u>。可是，他又很看不起城里人，比如木头做成的<u>凳子</u>，<u>未庄</u>人叫"长凳"，他也叫"长凳"，城里人却叫"条凳"，他想：这是错的，<u>可笑</u>！油<u>煎</u>大头鱼，<u>未庄</u>人都加<u>葱</u>叶，城里人却加葱丝，他想：这也是错的，可笑！可是他忘了：<u>未庄</u>人才是没有<u>见识</u>的<u>乡下</u>人啊，他们更没有见过城里的煎鱼！

本级词

阔 | kuò
rich, wealthy

骄傲 | jiāo'ào
proud, arrogant

超纲词

事迹 | shìjì
deed, achievement

说道 | shuōdào
to say, to state

讽刺 | fěngcì
to satirize, to mock

自负 | zìfù
conceited

不以为意 | bùyǐwéiyì
not to take it seriously, to make nothing of

凳子 | dèngzi
stool

可笑 | kěxiào
ridiculous, funny

煎 | jiān
to fry in shallow oil

葱 | cōng
green onion, scallion

见识 | jiànshi
experience, knowledge, insight

乡下 | xiāngxia
village, countryside

阿Q"有钱"，"有见识"，而且"能干"，本来几乎可以说是一个"完美"的人了，可惜他的身体有缺陷。最让他烦恼的，是他头上有好几处不知道什么时候起的癞疮疤。因为这些疮疤，他忌讳说"癞"以及一切和"赖"相近的音，后来发展到"光"也讳，"亮"也讳，再后来，连"灯""烛"都讳。一旦有人犯了他的忌讳，不管是不是故意的，阿Q都会发怒，他根据对手的强弱，口吃的他就骂，力气小的他就打。但是，不知道为什么，总是阿Q失败的时候多。于是他渐渐改变了方针，变成怒目而视了。

阿Q采用怒目策略之后，未庄的闲人们更喜欢拿他开玩笑了。他们经常会故意说"噌，亮起来了！""啊，原来是因为有保险灯在这里！"阿Q没有办法，只能另外想报复的话来说：

"你不配！……"阿Q说这些话的时候，仿佛在他头上的，并不是平常的癞头疮了；但是阿Q是"有见识"的，他立刻意识到"犯忌讳"，停下不说了。

闲人继续开玩笑，双方最终打起架来。

阿Q在形式上被打败了：他被人抓住辫子[1]，在墙上碰了四五下头。闲人心满意足地走了。阿Q没有走，他站了一会儿，心里想："我总算被儿子打了，现在的世界真不像样……"于是，他也心满意足地走了，仿佛胜利的人是他自己。

后来，凡是和阿Q开玩笑的人，几乎都知道他有这样一种精神上的胜利法。所以，每次人们要打他的时候，都会先对他说：

[1] 分股编紧的头发，清朝时男性的头发是编成辫子的。

本级词

缺陷 | quēxiàn
defect, flaw, drawback

发怒 | fānù
to fly into a rage

策略 | cèlüè
strategy, tactic

仿佛 | fǎngfú
as if, seemingly

犯 | fàn
to go against, to violate

凡是 | fánshì
all, every, any

超纲词

烦恼 | fánnǎo
worried, vexed

癞疮疤 | lài chuāngbā
leprosy scar

忌讳 | jìhuì
to avoid as a taboo

口吃 | kǒuchī
to stutter

怒目而视 | nùmù ér shì
to give a black look, to glare furiously

报复 | bàofù
to revenge, to retaliate

辫子 | biànzi
braid, plait

心满意足 | xīnmǎn-yìzú
to rest satisfied with

像样 | xiàngyàng
decent

"阿Q，这不是儿子打父亲，是人打畜生。你自己说：人打畜生！"

阿Q歪着头，说道：

"打虫子，好不好？我是虫子——还不行吗？"

尽管如此，闲人仍然把他的头碰了五六下，才心满意足地走开了，他们以为阿Q这次应该会和得了瘟疫一样。然而不到十秒钟，阿Q又心满意足地走掉了，他觉得他是第一个能够自轻自贱的人。状元[1]不也是"第一个"吗？

阿Q用这类方法取得"胜利"之后，一般会愉快地跑去喝酒，然后愉快地回到土谷祠，倒头睡着。如果手里有钱，他就会去赌博，一堆人蹲在地上，阿Q声音最响：

"青龙四百[2]！"

"咳……开……啦！""天门啦……角回啦……！人和穿堂空在哪里啦……！阿Q的钱拿过来……！"

"穿堂一百——一百五十！"

阿Q的钱就是在这样的歌唱声中，渐渐地到了别人的钱包里。他最终只能被挤出人群堆外，站在后面看，替别人着急，一直到结束，才恋恋不舍地回到土谷祠，第二天，肿着眼睛去工作。

但是，"塞翁失马，安知非福"[3]，阿Q不幸而赢了一回，他倒几乎失败了。

那是未庄赛神[4]的晚上。那晚有一台戏，戏台附近有许多赌摊。阿Q耳朵里听不到唱戏声，只听到赌博的歌唱声。

[1] 科举考试中，殿试考取一甲（第一等、第一名）的人。
[2] "青龙""天门""角回""穿堂"等都是赌博用语，"四百""一百五十"是赌注的钱数。
[3] 比喻虽然一时受到损失，反而能因此得到好处。也指坏事在一定条件下可变为好事。
[4] 即赛神会，旧时的一种迷信风俗。用鼓乐仪仗和杂戏等迎神出庙，周游街巷，以酬神祈福。

他赢了一次又一次，赢了很多钱。他兴高采烈地喊道：

"天门两块！……"

他不知道谁和谁为什么打起来了。骂声、打声、脚步声……好长时间，他才爬起来，赌摊不见了，人也都不见了，身上有几个地方似乎有些痛，好像挨了打一样，还有几个人诧异地看着他。他若有所失地走进土谷祠，定了定神，才发现他赢的钱都不见了！赶赛神会的赌摊多数都不是本村人，到哪里去找他们呢？

很白很亮的一堆钱！而且是他的——现在不见了！就当作是被儿子拿去了，却还是会感到闷闷不乐；当自己是虫子，也还是如此：他这回才感受到了失败的痛苦。

但他立刻转败为胜了。他举起右手，在自己脸上重重打了两下，打完之后，便心平气和起来，似乎打的是自己，被打的是另一个自己，不久又好像是自己打了别人一样，心满意足地躺下了。他又胜利了。

他睡着了。

本级词

不见 | bújiàn
to disappear, to be gone

当作 | dàngzuò
to see as, to regard as

超纲词

兴高采烈 | xìnggāo-cǎiliè
happy and excited, in high spirits

诧异 | chàyì
surprised, amazed, astonished

若有所失 | ruòyǒusuǒshī
to look blank

闷闷不乐 | mènmèn-búlè
upset, unhappy, depressed

心平气和 | xīnpíng-qìhé
calm and reasonable

一、根据文章判断正误。

（　　　）1. 阿Q在未庄的人们心中很重要。

（　　　）2. 赵太爷、钱太爷受人尊敬只是因为他们很有钱。

（　　　）3. 阿Q的身体和心理都有缺陷。

（　　　）4. 阿Q赌赢的钱被抢走了。

（　　　）5. 阿Q不愿面对失败，总是找些借口来安慰自己。

二、根据文章填空。

1. 我们先前——比你＿＿＿＿＿＿＿＿＿多啦！

2. 阿Q却＿＿＿＿＿＿＿＿＿，他心里想：我的儿子比你们的儿子强多啦！

3. 然而不到十秒钟，阿Q又＿＿＿＿＿＿＿＿＿地走掉了，他觉得他是第一个能够＿＿＿＿＿＿＿＿＿的人。

4. "塞翁失马，安知非福"，阿Q＿＿＿＿＿＿＿＿＿而赢了一回，他＿＿＿＿＿＿＿＿＿＿失败了。

5. 他＿＿＿＿＿＿＿＿＿地走进土谷祠，定了定神，才发现他赢的钱都不见了！

三、根据文章回答问题。

1. 本章主要记述了阿Q的哪几个生活片断？

2. 请结合故事情节和人物的语言、心态、动作等，谈谈阿Q的性格特点。

第三章 续优胜记略

阿Q真正有名，是在他挨了赵太爷的这顿打之后。

他付了地保二百文酒钱，愤愤地躺下了，他心里想："现在的世界太不像样，儿子打父亲……"忽然，他想到了赵太爷的威风，而现在，赵太爷是他的儿子了，自己也渐渐得意起来，他爬起来，唱着《小孤孀上坟》[1]，去酒店了。这时候，他觉得赵太爷高人一等了。

很奇怪，从那之后，阿Q果然受到了尊敬。在他心里，他可能认为是因为他是赵太爷的父亲，但事实肯定不是这样。按照未庄的传统，阿七打阿八，或者李四打张三，都是很平常的事。但是，如果挨打是和名人（比如赵太爷）有关系，就不一样了：打人的人有名，被打的人也会因此而出名。阿Q挨赵太爷的打，当然是阿Q的错，因为赵太爷是不会错的。但是，既然是阿Q的错，为什么大家却尊敬他呢？这或许是因为阿Q说他是赵太爷的本家，所以，虽然他挨打了，但是大家也怕万一他说的是真的，所以不如尊敬他稳妥一些。这就如同孔庙里的牛，虽然与猪羊一样，同样是牲畜，但是圣人吃过牛，先儒们就不敢随便吃了。

阿Q因此得意了许多年。

有一年春天，他正醉醺醺地在街上走着，看见王胡正在阳光下捉虱子，他忽然觉得自己身上也开始痒了。王胡，别人都叫他"王癞胡"，阿Q删去了"癞"字。在阿Q的观

超纲词

威风 | wēifēng
high prestige backed up with power

高人一等 | gāorényìděng
superior

稳妥 | wěntuǒ
reliable, dependable

牲畜 | shēngchù
livestock

醉醺醺 | zuìxūnxūn
drunkenly

虱子 | shīzi
louse, cootie

痒 | yǎng
itchy

删 | shān
to delete

---

[1] 当时流行的一出绍兴地方戏。孤孀，也称寡妇，指死了丈夫的女人。

11

念里，"癞"是不足为奇的，络腮胡子才奇怪，并且令人讨厌。他于是和王胡并排着坐下了。如果是别人，阿Q是不敢随便坐的。但是王胡旁边，他是不怕的。他心想：他愿意坐，是看得起他王胡。

阿Q也脱下衣服，仔细地找，不知道是因为衣服是新洗的，还是因为粗心，找了好长时间，才捉到三四个，而王胡却捉了一个又一个，放在嘴里毕毕剥剥[1]地响。

阿Q最初是失望，后来却不平了：他看不起的王胡都捉了那么多，自己却这样少，这怎么行！他很想找一两个大点儿的，但是没找到，好不容易才捉到一个中等大小的，他恨恨地塞到嘴里，使劲地咬，声音也还是不如王胡的响。

他气得满脸通红，把衣服摔在地上，吐了口唾沫，说：

"这毛虫！"

"癞皮狗，你骂谁？"王胡抬起头来，回骂道。

"谁认，就是骂谁！"阿Q站起来，两只手放在腰上说。

"你的骨头痒了吗？"王胡也站起来，披上衣服说。

阿Q以为王胡要逃跑，冲上前去打王胡。但是他的拳头还没有打到王胡身上，他自己却已经被王胡抓住了，王胡只轻轻一拉他，他就要跌倒，王胡立刻又抓住了他的辫子，拉到墙上去碰头。

"'君子动口不动手'！"阿Q歪着头说。

[1] 象声词，杂声、心跳声等，形容敲击、爆裂等声音。

12

王胡并没有理他，他一口气碰了五下，又用力一推，阿Q跌出去很远，他才满足地走了。

在阿Q的记忆中，这大概是他人生第一件屈辱事，因为王胡以络腮胡子的缺点，向来只能被他嘲笑，从来没有嘲笑过他，更不用说动手打架了。而他现在竟然敢动手，很意外。难道真的是因为皇帝已经停了考试，不要秀才和举人了，赵家因此减了威风，他们也因此小看了他吗？

阿Q无所适从地站着。

这时候，远处走来了一个人，是阿Q最讨厌的一个人，钱太爷的大儿子。他先前跑到城里，又跑到日本，半年之后回来，辫子不见了，他的母亲大哭了十几场，他的老婆也跳了三回井。后来，他的母亲到处说："辫子是被坏人灌醉了酒剪去的。本来可以做大官，现在只好等留长了再说。"然而阿Q不相信，坚持称他为"假洋鬼子"，一见到他，阿Q一定会在肚子里暗暗地骂他。

阿Q尤其讨厌的，是他的那一条假辫子。辫子都是假的，就是没有了做人的资格；他的老婆不跳第四回井，也不是好女人。

"假洋鬼子"走过来了。

"秃驴……"阿Q以前只在肚子里骂，没有出过声，这次可能因为正生气，不自觉地说出来了。

这时，"假洋鬼子"正拿着阿Q常说的哭丧棒[1]，大步

---

[1] 父母去世后，在为父母送葬时，儿子手拄"孝杖"，以表示悲痛难支。阿Q厌恶"假洋鬼子"，所以把他的手杖称为"哭丧棒"。

本级词

理 | lǐ
to care, to show concern

跌 | diē
to fall, to tumble

皇帝 | huángdì
emperor

井 | jǐng
well, something in the shape of a well

超纲词

屈辱 | qūrǔ
humiliation, disgrace, mortification

向来 | xiànglái
always, all along

嘲笑 | cháoxiào
to mock, to tease, to laugh at

小看 | xiǎokàn
to belittle, to underestimate

无所适从 | wúsuǒshìcóng
at a loss for what to do

灌 | guàn
to irrigate, to pour in, to force to drink

秃 | tū
bald, bare, barren

本级词

只顾 | zhǐgù
single-mindedly, merely

超纲词

耸 | sǒng
to rise straight up, to shrug

祖传 | zǔchuán
to hand down from generation to
generation

何况 | hékuàng
let alone, besides, what's more

怪不得 | guàibude
no wonder, so that's why

倒霉 | dǎoméi
to fall on hard time, to be out of
luck

伸手 | shēnshǒu
to stretch out one's hand

动手动脚 | dòngshǒu-dòngjiǎo
to be fresh with a girl, to flirt with
women

和尚 | héshang
monk

捏 | niē
to pinch

走过来了。阿Q立刻意识到快要打架了，他赶紧耸了肩膀等候着，果然，"啪"的一声，确实打在他头上了。

"我说他！"阿Q指着旁边的一个孩子解释道。

啪！啪啪！

在阿Q的记忆里，这大概要算人生第二件屈辱事。不过，对他来说，啪啪挨打之后，似乎是完成了一件事情，他反而觉得轻松些，而且"忘却"这一件祖传的宝贝也发生了作用，他慢慢地走着，快要到酒店门口时，他又有些高兴了。

这时，静修庵里的小尼姑走了过来。在平时，阿Q看见她是一定会骂她的，何况是在今天他受到屈辱之后。

"怪不得我今天这么倒霉，原来是因为见到了你！"他想。

他走上前去，大声地吐了一口唾沫：

"咳，呸！"

小尼姑低着头，只顾走路。阿Q走到她身旁，伸手去摸她的头，笑着说：

"秃儿！快回去，和尚等着你……"

"你怎么动手动脚……"尼姑满脸通红地说，一边赶快走。

酒店里的人都笑了。阿Q更加兴高采烈起来。

"和尚能动，我不能动？"他捏住她的脸说。

酒店里的人又大笑。阿Q更得意了，他又用力捏了捏，才放手。

这一次，他忘记了王胡，也忘记了假洋鬼子，似乎今天的"晦气"都没有了，而且全身比被啪啪地打了之后更轻松，似乎要飞起来了。

"这断子绝孙的阿Q！"远远地听见小尼姑带着哭声说。

"哈哈哈！"阿Q十分得意地笑。

"哈哈哈！"酒店里的人也九分得意地笑。

超纲词

晦气 | huìqì
bad luck

断子绝孙 | duànzǐ-juésūn
to die without descendants, to die sonless

15

练习

一、根据文章判断正误。

（　　　　）1. 阿Q被赵太爷打后得意了许多年。

（　　　　）2. 未庄人尊敬阿Q是因为他很厉害。

（　　　　）3. 阿Q见自己的虱子比不过王胡的，最初是失望，后来是不平。

（　　　　）4. 阿Q人生第一件屈辱事是被"假洋鬼子"用哭丧棒打。

（　　　　）5. 阿Q调戏小尼姑表现出他欺软怕硬。

二、根据文章填空。

1. 在阿Q的观念里，"癞"是＿＿＿＿＿＿的，络腮胡子才奇怪，并且令人讨厌。

2. 他很想找一两个大点儿的，但是没找到，＿＿＿＿＿＿才捉到一个中等大小的，他恨恨地塞到嘴里，使劲地咬。

3. 在阿Q的记忆中，这大概是他人生第一件屈辱事，因为王胡以络腮胡子的缺点，＿＿＿＿＿＿只能被他＿＿＿＿＿＿，从来没有嘲笑过他，更不用说动手打架了。

4. 阿Q立刻意识到快要打架了，他赶紧＿＿＿＿＿＿了肩膀等候着。

5. "＿＿＿＿＿＿我今天这么＿＿＿＿＿＿，原来是因为见到了你！"他想。

三、根据文章回答问题。

1. 文章末尾说阿Q"十分得意地笑"，店里人"九分得意地笑"，你怎么理解这句话？

2. 小说中阿Q多次被打后都通过自我贬低、自我欺骗、欺压弱者等来获得精神上的满足，后人称之为"精神胜利法"，请联系现实生活，谈谈你对"精神胜利法"的理解。

第四章 恋爱的悲剧

有人说：有的胜利者，希望对手像老虎、老鹰一样强大，他才感到胜利的喜悦；如果对手像羊、鸡一样弱小，他反而觉得胜利无聊。也有的胜利者，当他战胜一切之后，看到他的对手有的死了，有的投降了，只剩下他自己一个人，反而感到了胜利的悲哀。显然，阿Q不是这样的，他永远是得意的。

你看他，又飘飘然要飞起来了！

然而，这一次的胜利，却让他感觉与平常不同。按照以往，他飘飘然地飞个大半天，飘进土谷祠，躺下就能睡着。可是这一晚，他却入睡困难，他觉得自己的手指有点奇怪：好像比平常滑一些。不知道是不是因为小尼姑脸上的东西粘在他手上了，还是因为他的手指摸了小尼姑的脸以后，变光滑了？……

"断子绝孙的阿Q！"

阿Q的耳朵里又听到这句话。他想：是的，应该有一个女人，如果没有女人，就没有孩子；没有孩子，死了以后就没有人给送饭吃……这真是人生的一件悲惨事。

"女人，女人！……"他想。

"……和尚能动……女人，女人！……女人！"他又想。

不知道那天晚上阿Q什么时候睡着的，但从那以后，他总觉得手指头滑滑的，也总有些飘飘然。

只从这一点上看，女人似乎是危害人的。

本级词

悲惨 | bēicǎn
miserable, tragic

超纲词

鹰 | yīng
eagle, hawk

喜悦 | xǐyuè
delight, joy

投降 | tóuxiáng
to surrender

悲哀 | bēiāi
grief, sorrow

飘飘然 | piāopiāorán
elated, complacent

粘 | zhān
to glue, to stick

本级词

毁 | huǐ
destroy, ruin

聊天儿 | liáotiānr
to chat

超纲词

圣贤 | shèngxián
sages and men of virtue

灭亡 | mièwáng
to be destroyed, to become extinct

勾结 | gōujié
to collude with, to play footsie
with

引诱 | yǐnyòu
to lure, to entice, to seduce

坏事 | huàishì
bad thing, evil deed

可恶 | kěwù
hateful, abominable

寡妇 | guǎfu
widow

中国的男人，本来多数都可以做圣贤，可惜全被女人毁了。商朝是妲己（Dájǐ）闹灭亡的；周朝是褒姒（Bāosì）弄坏的；秦朝……虽然历史上没有明确的记载，但是估计也是如此的。汉代就更不用说了，董卓就是的的确确被貂蝉（Diāochán）害死的。

阿Q对于"男女之大防"向来严格。他认为：凡是尼姑，一定会与和尚勾结；一个女人在外面走，一定是想引诱男人；一男一女在说话，一定是要做坏事了。这些时候，他往往会怒目而视，或者大声地说几句刺激对方的话，或者悄悄地从背后扔小石头。

可是谁能想到，他快要到"而立"[1]之年时，竟然被小尼姑害得飘飘然了。所以，女人真可恶。如果小尼姑的脸上不滑，如果小尼姑的脸上盖上一层布，阿Q也不至于被诱惑了。因为他五六年前，也曾经捏过一个女人的大腿，但是因为隔着一层裤子，所以并没有感到飘飘然。但是小尼姑这次不同，可见她的可恶。

"女人……"阿Q想。

有一天，阿Q在赵太爷家里工作了一天，吃过晚饭后，他坐在厨房里吸烟。吴妈是赵太爷家里唯一的女工人，她洗完碗筷后，也坐在长凳上，和阿Q闲聊天儿。

"太太两天没有吃饭了，因为老爷要买一个小老婆……"

"女人……吴妈……这小寡妇……"阿Q想。

"我们的少奶奶八月份要生孩子……"

"女人……"阿Q想。

[1] 人到三十岁可以自立的年龄。

18

阿Q放下烟，站了起来。

"我们的少奶奶……"吴妈还唠叨说。

"我要和你睡觉，我要和你睡觉！"阿Q忽然走上前，对着她跪下了。

"啊呀！"吴妈突然愣了一下，她一边跑一边叫喊，听起来快要哭了。

阿Q也愣了，他慌忙站起来，赶快去工作。可还没来得及，只听见"砰"的一声，头上挨了很"粗"的一下，他急忙转过身，看见赵秀才拿着一支大竹竿站在他面前。

"你造反了！……"

阿Q两手抱着头，竹竿"啪啪"地打在手指上，很痛。他连忙冲出厨房，背上也挨了打。

"王八蛋！"赵秀才在后面骂。

阿Q跑到工作的地方，一个人站着，指头还有些痛。"王八蛋"，这话是未庄的乡下人从来没有用过的，是见过官的阔人专用的，所以他格外怕，印象也格外深。但是这时，他那"女人……"的思想没有了，而且挨了打骂之后，似乎一件事情结束了，反而觉得没有了牵挂似的，便动手去工作了。过了一会儿，他觉得热，停下手来脱衣服。

他脱衣服的时候，听到外面很热闹，阿Q本来就喜欢看热闹，于是寻着声找出去，走到了赵太爷的内院里，虽然在黄昏中，却也能认出许多人，赵家连两天没吃饭的太太也在，还有隔壁的邹七嫂，真正的本家赵白眼，赵司晨。

少奶奶正拖着吴妈走来，一边说：

"你到外面来，不要躲在自己房间里……"

本级词

跪 | guì
to kneel, to go down on one's knees

专用 | zhuānyòng
used by a particular group

拖 | tuō
to pull, to drag

超纲词

唠叨 | láodao
to chatter, to be garrulous

愣 | lèng
to be dumbfounded, to stare blankly

竹竿 | zhúgān
bamboo pole

造反 | zàofǎn
to rebel, to revolt

牵挂 | qiānguà
to worry about, to be concerned about

看热闹 | kàn rènao
to watch the scene of bustle

黄昏 | huánghūn
dusk, gloaming

本级词

约定 | yuēdìng
to agree on something (after discussion), to make an appointment

超纲词

正派 | zhèngpài
virtuous, honest, decent

猛然 | měngrán
suddenly, abruptly

调戏 | tiáoxì
to take liberties with women, to assail with obscenities

抵押 | dǐyā
to mortgage

赔罪 | péizuì
to apologize

驱逐 | qūzhú
to expel

"谁不知道你正派，你是万万不能寻短见的……"邹七嫂也在旁边说。

吴妈一直哭，偶尔说些话，却听不清楚。

阿Q心想："这小寡妇是要干什么？"他走到赵司晨的身边，想打听打听。这时，他突然看到赵太爷向他跑来，手里也拿着大竹竿。他猛然意识到自己刚才被打，可能和这场热闹有关。他转身想逃回工作的地方，但这支竹竿挡了他的路，于是他又翻身从后门跑了，不一会儿，就已经在土谷祠里了。

阿Q坐了一会儿，觉得很冷，虽然已经春天了，晚上还是冷的。他的衣服落在了赵家，但是如果去拿，又很怕挨打。就在这时候，地保来了。

"阿Q，你连赵家的工人都敢调戏，害得我晚上不能睡觉，你妈妈的[1]！……"

就这样，阿Q被地保教训了一番，而且因为是在晚上，他本来还应该送给地保加倍的酒钱，但阿Q没有现钱，于是用了一顶帽子做抵押，并且约定了五个条件：

一、明天带一对红烛、一封香，到赵府赔罪。

二、赵府请道士驱逐鬼怪，费用由阿Q承担。

三、阿Q从此不准再进赵府。

四、吴妈以后如果有意外，唯阿Q是问[2]。

五、阿Q不许再去要工钱和衣服。

[1] 骂人的话。
[2] 唯某人是问，意思是只追究某人的责任。

阿Q自然都答应了，可惜他没有钱。幸好已经是春天，可以不用盖棉被了，他于是用棉被抵押了钱，执行了约定。还剩了几文钱，是不够赎回帽子的，他便全部用来喝了酒。赵家是不烧香、点烛的，但因为太太拜佛的时候可以用，便留下了。阿Q的破衣服有一大半做了少奶奶生孩子的尿布，另一小半做了吴妈的鞋底。

本级词

另 | lìng
another, the other

超纲词

幸好 | xìnghǎo
fortunately, luckily

一、根据文章判断正误。

（　　　）1. 阿Q的手指真的变光滑了。

（　　　）2. 阿Q认为女人很可恶。

（　　　）3. 吴妈是赵太爷家唯一的女工人。

（　　　）4. 阿Q因为调戏吴妈挨了打。

（　　　）5. 阿Q没有答应赵太爷提出的五个条件。

二、根据文章填空。

1. 有的胜利者，希望对手像老虎、老鹰一样强大，他才感到胜利的_____；如果对手像羊、鸡一样弱小，他反而觉得胜利_____。也有的胜利者，当他战胜一切之后，看到他的对手有的死了，有的_____了，只剩下他自己一个人，反而感到了胜利的_____。

2. 只听见"_____"的一声，头上挨了很"_____"的一下，他急忙转过身，看见赵秀才拿着一支大_____站在他面前。

3. 阿Q本来就喜欢_____，于是寻着声找出去，走到了赵太爷的内院里。

4. 他_____意识到自己刚才被打，可能和这场热闹有关。

5. 但阿Q没有现钱，于是用了一顶帽子做_____，并且_____了五个条件。

三、根据文章回答问题。

1. 阿Q想讨老婆的理由是什么？请结合文章，谈谈阿Q的女性观。

2. 你觉得地保是一个什么样的人？请说说你的看法。

第五章 生计问题

阿Q回到了土谷祠，太阳下山了，他渐渐地觉得世界有些古怪。他醒悟过来：原来是因为自己还光着膀子。他找出来一件破衣服，披在身上，躺下了，第二天睁开眼睛时，太阳已经照到西墙了。他坐起来，一边说道："妈妈的……"

他起来之后，仍旧在街上闲逛，他又渐渐地觉得世界有些古怪了。仿佛从这一天起，未庄的女人们忽然都开始害羞，她们一见到阿Q，就都躲到门里去。甚至将近五十岁的邹七嫂，也跟着别人乱钻，而且把十一岁的女儿也叫进去了。阿Q很奇怪，他想："这些人忽然都学起小姐模样来了。这些娼妇们……"

更让他觉得古怪的，还有几件事：第一，酒店不愿意赊欠了；第二，管理土谷祠的老头子说了一些废话，似乎是要赶他走；第三，他虽然记不清是多少天，但确实已经有许多天，没有一个人来找他去工作了。酒店不赊欠，老头子催他走，都还好办；没有工作，却让阿Q肚子挨饿：这确实是一件非常"妈妈的"的事情。

阿Q只好到老顾客家里去问，但是情形也奇怪：都是走出一个男人来，表现出十分厌烦的样子，像回复乞丐似的摇手说道：

"没有没有！你出去！"

阿Q越觉得稀奇了。他心想，这些人家向来需要帮忙，不至于现在都忽然没事做，这肯定是不正常的。他注意打听，才知道他们有事情都叫小D去做了。小D是一个穷小子，在阿Q眼里，位置是排在王胡下面的，现在竟然被他抢

钻 | zuān
to get into

不至于 | búzhìyú
to be unlikely to go as far as

超纲词

下山 | xiàshān
(the sun) to set, to go downhill

古怪 | gǔguài
eccentric, odd, strange

醒悟 | xǐngwù
to come to one's senses, to realize one's error

膀 | bǎng
shoulder

害羞 | hàixiū
shy, bashful

娼妇 | chāngfù
whore, bitch

赊欠 | shēqiàn
to buy or sell on credit

废话 | fèihuà
nonsense

催 | cuī
to rush somebody to do something, to urge, to hasten

厌烦 | yànfán
to be tired of

乞丐 | qǐgài
beggar

稀奇 | xīqí
rare, strange

了饭碗，阿Q感到很生气，他愤愤地走着，忽然把手一扬，唱道：

"我手执钢鞭将你打！[1]……"

几天之后，他竟然在钱家门前遇见了小D。"仇人相见分外眼明"[2]，阿Q走上前去，小D也站住了。

"畜生！"阿Q怒目而视地说，嘴角飞出唾沫。

"我是虫子，好吗？……"小D说。

小D的"谦虚"让阿Q更加愤怒，他伸手去拔小D的辫子。小D一只手护住了自己的辫根，另一只手也来拔阿Q的辫子，阿Q便用空着的手护住了自己的辫根。在先前的阿Q看来，小D是不足挂齿的；但他最近已经饿得和小D差不多，所以出现了势均力敌的情况：四只手拔着两颗头，弯着腰，在钱家墙上映出一个虹形，有半小时之久。

"好了，好了！"看的人们说，好像是来劝架的。

"好，好！"看的人们说，不知道是劝架，还是煽动。

然而他们都不听。阿Q前进三步，小D就向后三步，都站着；小D前进三步，阿Q就向后三步，又都站着。大约半小时，他们的额头上都流了汗，阿Q的手松开了，小D的手也松开了，两人同时松开，同时直起身，同时退开，挤出人群了。

"记着吧，妈妈的……"阿Q回过头，说道。

"妈妈的，记着吧……"小D也回过头，说道。

这一场"龙虎斗"似乎并无胜负，也不知道看的人是否满足，他们没有发出什么议论，但阿Q却仍然没有人叫他做工。

有一天，天气很好，有些夏天的感觉，但是阿Q却觉得

---

[1] 这一句及下文的"悔不该，酒醉错斩了郑贤弟"，都是当时绍兴地方戏《龙虎斗》中的唱词。
[2] 意思是当敌对的双方相逢时，彼此对对方都格外警觉和敏感。

寒冷。寒冷还可以忍受，肚子饿却是很难忍受的。棉被、棉衣都早已经没有了；现在还有裤子，但是裤子是万万不能脱的。他很早之前就幻想着走在路上能捡到钱，幻想在自己的破屋里能忽然找到一些钱，但都只是幻想，不可能的。于是他决定出门去找吃的。

他在路上走着，看到了熟悉的酒店，熟悉的馒头，但他没有停下脚步，他并不想要这些。他想要什么东西，他自己也不知道。

不多久，未庄的路就走到头了。村外，满眼是新插的禾苗，还有几个耕田的农民。阿Q对此没有兴趣，他继续走着，因为他直觉地知道这距离他的"求食"之道是很遥远的。他最终走到了静修庵的墙外。

静修庵周围是水田，后面的低土墙里是菜园。阿Q犹豫了一会儿，四面看了看，没有人。他于是爬上墙，攀着树枝，

本级词

幻想 | huànxiǎng
to fantasize

捡 | jiǎn
to pick up

馒头 | mántou
steamed bun, steamed bread

超纲词

禾苗 | hémiáo
seedling

耕 | gēng
to plow

攀 | pān
to climb, to clamber

树枝 | shùzhī
tree branch, twig

25

本级词

之类 | zhīlèi
and so on

惊喜 | jīngxǐ
pleasantly surprised

藏 | cáng
to hide, to conceal

罪 | zuì
crime, guilt, misconduct

超纲词

郁郁葱葱 | yùyùcōngcōng
luxuriantly green

萝卜 | luóbo
radish

缩 | suō
to shrink, to draw back

阿弥陀佛 | Ēmítuófó
Amitabha

幸亏 | xìngkuī
fortunately, luckily

跳到里面去了。里面郁郁葱葱，但似乎没有酒和馒头之类的东西。

他又小心地走近园门，惊喜地发现了一畦[1]老萝卜。他蹲下身就开始拔萝卜，这时，门口突然伸出一个圆头来，又很快缩了回去，是小尼姑。小尼姑这类人，阿Q向来是不放在眼里的，但凡事须"退一步想"，所以他赶紧拔了四个萝卜，藏到上衣口袋里。这时，老尼姑也出来了。

"阿弥陀佛，阿Q，你怎么跳进园里来偷萝卜！罪过罪过，阿弥陀佛！……"

"我什么时候跳进你的园里偷萝卜了？"阿Q边看边走地说。

"现在……这不是吗？"老尼姑指着他的衣服口袋。

"这是你的吗？你叫他，他答应吗？……"

阿Q话没说完，拔腿就跑，后面追来了一条大黑狗。这狗本来是在前门的，不知道为什么到后园来了。黑狗追过来，就快要咬到阿Q的腿了，幸亏阿Q掉下来一个萝卜，把狗吓一跳，阿Q这才爬上了树，连人和萝卜都滚到墙外面了。只剩下黑狗还在对着树叫，老尼姑念着佛。

阿Q怕尼姑再放出黑狗来，拾起萝卜就走，路上又捡了几块小石头，怕黑狗再追上来，但黑狗没有再出现。阿Q扔了石块，一边走一边吃萝卜，他想：这里也没有什么东西吃，不如进城去……

等三个萝卜都吃完时，他已经打定主意要进城了。

---

[1] 畦 (qí)：有土埂围着的一块块排列整齐的田地，一般是长方形的。文中作量词，用于计算种在畦上的作物的数量。

练 习

一、 根据文章判断正误。

（　　）1. 阿Q觉得世界有些古怪。

（　　）2. 未庄的女人开始害怕和躲着阿Q。

（　　）3. 小D在这场"龙虎斗"中打败了阿Q。

（　　）4. 阿Q走路捡到了钱。

（　　）5. 阿Q吃完萝卜后准备进城。

二、 根据文章填空。

1. 甚至将近五十岁的邹七嫂，也跟着别人乱＿＿＿＿＿＿＿＿。

2. 阿Q越觉得＿＿＿＿＿＿＿＿了。他心想，这些人家向来需要帮忙，
＿＿＿＿＿＿＿＿现在都忽然没事做，这肯定是不正常的。

3. 小D的"＿＿＿＿＿＿＿＿"让阿Q更加愤怒，他伸手去拔小D的辫子。

4. 在先前的阿Q看来，小D是＿＿＿＿＿＿＿＿的；但他最近已经饿得和小D差
不多，所以出现了＿＿＿＿＿＿＿＿的情况。

5. 黑狗追过来，就快要咬到阿Q的腿了，＿＿＿＿＿＿＿＿阿Q掉下来一个萝
卜，把狗吓一跳。

三、 根据文章回答问题。

1. 文中连用了几个"古怪"和"奇怪"，表达了阿Q的什么感觉？

2. 人们对于阿Q和小D的打斗是什么心态？请联系文章谈谈你的看法。

第六章 从中兴到末路

超纲词

惊讶 | jīngyà
surprised, amazed, astonished

睡眼蒙胧 | shuìyǎn-ménglóng
eyes heavy with sleep

敬重 | jìngzhòng
to esteem highly, to respect deeply

发财 | fācái
to get rich, to make a fortune

中兴 | zhōngxīng
coming back to activity

　　再在未庄看到阿Q的时候，是第二年的中秋。人们都很惊讶：他之前去哪里了呢？以往阿Q进城时，都会提前很久就兴高采烈地对别人说，但是这一次他没有。他或许告诉过管理土谷祠的老头子，但是在未庄，只有赵太爷、钱太爷和秀才大爷进城才算得上一件大事，所以老头子可能没有替他宣传，未庄的其他人也就无人知道了。

　　阿Q这次回来，确实与先前大不相同，很值得惊讶。天快黑的时候，他睡眼蒙胧地出现在酒店门前，把满手的钱往桌上一扔，说："现钱！拿酒来！"穿的是新棉衣，腰上还挂着一个大褡裢[1]。未庄人的习惯是，稍微厉害的人物，还是尊敬一些好，现在虽然明知道是阿Q，但是因为和之前穿破衣服的阿Q不一样了，所以老板、顾客、路人，都表现出一种敬重的表情。先点头，后谈话：

　　"阿Q，你回来啦！"

　　"回来了。"

　　"恭喜发财，你是在……"

　　"进城去了！"

　　这件新闻，第二天就传遍了整个未庄。人人都想知道阿Q的中兴史，所以到处打听、议论。这样做的结果是，阿Q重新得到了尊敬。

　　听阿Q说，他是在举人老爷家里帮忙。这一节，听的人

---

[1]　一种布制的长方形口袋，中间开口，两头各有一袋，可以挂在肩上或扣在腰间。

都肃然了。这位老爷本来姓白，但因为全城里只有他一个举人，所以不必再加姓，说起举人来就是指的他。在举人府上帮忙，那当然是可敬的。但阿Q又说，他不愿再帮忙了，因为这举人老爷实在太"妈妈的"了。这一节，听的人都叹息而且快意，因为阿Q本来也不配在举人老爷家里帮忙，但不帮忙却又是可惜的。

听阿Q说，他回来是因为对城里人感到不满。比如，他们把长凳称为条凳，煎鱼用葱丝，女人走路的姿态也不好。不过，城里人也有值得佩服的地方，比如未庄人只有假洋鬼子会打"麻将"，但是在城里，连小孩子都打得很好，假洋鬼子如果跟城里十几岁的小孩子比，也立刻变成"小鬼见阎王"[1]。这一节，听的人都赧然了。

"你们看见过杀头吗？""杀革命党[2]。好看……"阿Q一边说，一边摇头，唾沫飞到了正对面的赵司晨的脸上。这一节，听的人都凛然了。阿Q四处看了看，王胡正伸长了脖子认真听，于是阿Q抬起右手，对着王胡的脖子劈了下去：

"嚓！"

王胡吓一跳，赶快缩了头，听的人又都悚然而且欣然了。从此，王胡垂头丧气了许多天，再也不敢到阿Q的身边，别人也一样。

阿Q这时在未庄人心里的地位，虽然不敢说超过了赵太爷，但说他们两个人差不多，大概也没有什么错。

没过多久，阿Q的大名也传遍了未庄的闺中[3]。小户人

[1] "小鬼"，迷信传说中指鬼神的差役；"见阎王"指死亡（含戏谑意）。
[2] 指辛亥革命时期想推翻清朝、建立民国的人。
[3] 旧时女子居住的内室。

29

本级词

盼望 | pànwàng
to hope for, to look forward to

背心 | bèixīn
vest, sleeveless garment

超纲词

丝绸 | sīchóu
silk, silk cloth

纱 | shā
yarn, gauze

物美价廉 | wùměi-jiàlián
to be of high quality and
inexpensive, to be cheap and fine

气喘吁吁 | qìchuǎn-xūxū
to be short of breath, to pant

似笑非笑 | sìxiào-fēixiào
to give a forced smile

打量 | dǎliang
to size up, to look up and down

家的女人们见面时一定会说："邹七嫂在阿Q那里买了一条蓝色的丝绸裙子，虽然旧了一点，但只花了九毛钱。""还有赵白眼的母亲，也买了一件孩子穿的大红洋纱衫，七成新，只用了三百大钱。"她们都非常盼望见到阿Q，缺丝绸裙的想跟他买丝绸裙，要洋纱衫的想跟他买洋纱衫，不但见了阿Q不再躲，有时阿Q已经走过去了，他们还要追上去叫住他问：

"阿Q，你还有丝绸裙吗？没有？纱衫也要的，有吗？"

后来这情形也传到了大户人家的女人们那里。因为邹七嫂把她的丝绸裙拿给了赵太太看，赵太太又告诉了赵太爷。赵太爷在晚饭桌上，和秀才讨论，认为阿Q实在有些古怪，但他的东西，也许有点好的可买。加上赵太太也正想买一件物美价廉的皮背心，于是全家人决定，委托邹七嫂立刻去找阿Q。

邹七嫂找了很久也没有找到阿Q，赵府的人都很着急。赵太太担心阿Q因为春天发生的事情不敢来，赵太爷认为不用担心，因为是他让邹七嫂去找的。果然，阿Q跟着邹七嫂进来了。

"他一直说没有，我说你自己去跟太爷说，他还要说，我说……"邹七嫂气喘吁吁地边走边说。

"太爷！"阿Q似笑非笑地叫了一声。

"阿Q，听说你在外面发财……"赵太爷一边用眼睛打量着阿Q全身，一边说。"那很好，那很好的。这个，……听说你有些旧东西，……可以都拿来看一看，……这也并不是因为别的，是因为……"

"我跟邹七嫂说过了。都卖完了。"

"卖完了？"赵太爷不觉失声说道，"怎么会卖得这么快呢？"

"那是朋友的，本来就不多。他们买了些，……"

"总该还有一点吧。"

"现在，只剩下一张门帘了。"

"就拿门帘来看看吧。"赵太太慌忙说。

"那么，明天拿来吧，"赵太爷不热心了。"阿Q，你以后有什么东西的时候，你先送来给我们看，……"

"价钱肯定不会比别人给得少！"赵秀才说。赵秀才的老婆赶忙看了看阿Q的脸，看看他感动了没有。

"我要一件皮背心。"赵太太说。

阿Q嘴上答应着，但不知道他是否放在了心上。这令赵太爷很失望、生气而且担心。赵秀才对于阿Q的态度也很生气，他于是说："这个人要小心，不如吩咐地保，不许他住在未庄。"但赵太爷不以为然，他说："这恐怕是要结怨的，而且做这路生意的大概是'老鹰不吃窝下食'[1]，本村倒不必担心，只要我们自己夜里警惕点就好了。"秀才听了认为非常对，立刻收回了驱逐阿Q的建议，而且请邹七嫂千万不要跟人提起这段话。

结果，第二天，邹七嫂就把蓝裙子染成了黑色，也把阿Q的疑点传出去了。不过，她确实没有提起赵秀才要赶走阿Q这件事。但是，这已经是对阿Q很不利了。地保找上门来，取走了他的门帘，阿Q说赵太太要看，地保也没有还回来，

---

[1] 意思是老鹰宁可到远处找食物，也不吃窝旁的东西。比喻坏人不会在自家附近做坏事。

超纲词

失声 | shīshēng
to cry out involuntarily

吩咐 | fēnfù
to tell, to instruct

不以为然 | bùyǐwéirán
to disagree, not to approve

警惕 | jǐngtì
to watch out, to be vigilant

疑点 | yídiǎn
suspicion, doubt

本级词

远远 | yuǎnyuǎn
at a distance, far away

超纲词

敬而远之 | jìng'éryuǎnzhī
to stay at a respectful distance
from

寻根究底 | xúngēn-jiūdǐ
to get to the bottom of, to inquire
deeply into

连夜 | liányè
that very night, the same night

并且跟阿Q要每月的孝敬[1]钱。村里人对他的敬畏也忽然变了，脸上很有远远躲着的神情，似乎是"敬而远之"的意思了。

只有一帮闲人还在寻根究底地探问阿Q。阿Q也并不回避，他骄傲地说出他的经验来，从那以后人们才知道，他只是一个小角色，不但不能上墙，而且不能进洞，只是站在洞外接东西。有一天晚上，他刚接到一个包，正要伸手进去多拿些，却听到里面嚷叫起来，他赶紧跑，连夜爬出城，逃回了未庄，从此不敢再去做了。然而，这故事却对阿Q更不利，村里人对于阿Q"敬而远之"，本来是因为怕结怨，谁知道他只是一个不敢再偷东西的小偷，这实在是没什么可怕的了。

[1]　旧时以钱物贿赂、讨好上司或其他有力者，称为"孝敬"。

一、根据文章判断正误。

（　　）1. 阿Q从城里回来以后变得很有钱。

（　　）2. 未庄的女人们盼望见到阿Q是因为想从他那里买东西。

（　　）3. 赵太爷本来想贪小便宜却偏要摆出老爷的样子。

（　　）4. 赵太太从阿Q那里买到了自己想要的东西。

（　　）5. 阿Q在举人老爷家工作过。

二、根据文章填空。

1. 现在虽然明知道是阿Q，但是因为和之前穿破衣服的阿Q不一样了，所以老板、顾客、路人，都表现出一种_____的表情。

2. 王胡吓一跳，赶快缩了头，听的人又都_____而且_____了。从此，王胡_____了许多天，再也不敢到阿Q的身边，别人也一样。

3. 加上赵太太也正想买一件_____的皮背心。于是全家人决定，委托邹七嫂立刻去找阿Q。

4. "太爷！"阿Q_____地叫了一声。

5. 村里人对他的_____也忽然变了，脸上很有_____躲着的神情，似乎是"_____"的意思了。

三、根据文章回答问题。

1. "他睡眼蒙眬地出现在酒店门前，把满手的钱往桌上一扔。"这句话中的"扔"字表现出阿Q的什么心理？

2. 未庄人对阿Q由"敬重"到"敬而远之"的原因是什么？请谈谈你的看法。

超纲词

革命 | gémìng
revolution

避难 | bìnàn
to seek refuge

和睦 | hémù
harmony, on good terms

况且 | kuàngqiě
besides, furthermore

第七章 革命

　　阿Q把褡裢卖给赵白眼的那天，夜里十二点半左右，有一只大船到了赵家的河岸码头。当时天色很黑，乡下人也睡得熟，所以都没有人知道。但是，船走的时候天快要亮了，所以有好几个人看见了。看到的人说，那是举人老爷的船。

　　船来未庄的原因，赵家本来是很保密的，但茶馆酒店里的人都说："革命党要进城，举人老爷到乡下来避难了。"只有邹七嫂不相信，她说："那只是几个破衣服箱子，已经被赵太爷转交回去了。"其实举人老爷和赵秀才向来不和睦，不太可能有"共患难"的感情，况且邹七嫂和赵家是邻居，所以大概她是对的。

　　但是，仍然有很多人说举人老爷虽然没有亲自来，却有

34

一封长信，和赵家排了"转折亲"[1]。赵太爷觉得不会有坏处，就把箱子留下了，放在了太太的床底下。至于革命党，有的人说他们就是在这一晚进城的，个个穿着白盔甲，穿着崇祯皇帝的素[2]。

阿Q早就听说过革命党，今年又亲眼见过革命党被杀。但是他有一种不知从哪里来的观点，认为革命党就是造反，造反就是与他为难，所以他对革命党是一向深恶痛绝的。但是，革命党令举人老爷都这样害怕，他忽然对他们有些"神往"了。

"革命也好！"阿Q想，"革这些妈妈的命，太可恶！太可恨！……即便是我，也要投降革命党了。"

阿Q近来生活紧张，有些不平，加上中午喝了两碗空肚酒，更加醉得快，他一边想一边走，又飘飘然起来。不知道为什么，他忽然觉得革命党就是自己，未庄人都成了他的俘虏了。他得意之余，禁不住大声嚷道：

"造反了！造反了！"

未庄人顿时都用惊慌的眼光看着他。这种可怜的眼光，是阿Q从来没有见过的，这使他舒服得像六月里喝了雪水。他更加高兴地边走边喊道：

"好，……我要什么就是什么，我喜欢谁就是谁。

得得，锵锵！

悔不该，酒醉错斩了郑贤弟，

悔不该，呀呀呀……

[1] 勉强攀上关系的亲戚。
[2] 崇祯是明思宗（朱由检）的年号。明亡于清，后来有些农民部队，常用"反清复明"的口号来反对清朝统治，因此，直到清末还有人认为革命军起义是替崇祯皇帝报仇。文中说革命党是"穿着崇祯皇帝的素"就是误以为辛亥革命是"反清复明"的运动。

本级词

亲眼 | qīnyǎn
(to see) personally, with one's own eyes

超纲词

盔甲 | kuījiǎ
a suit of armo(u)r, helmet and armor

深恶痛绝 | shēnwù-tòngjué
to hate bitterly, to abhor, to detest

神往 | shénwǎng
to fascinate, to long for

俘虏 | fúlǔ
captive, captured personnel

禁不住 | jīnbuzhù
to be unable to bear, to cannot help (doing something)

顿时 | dùnshí
suddenly, immediately, at once

惊慌 | jīnghuāng
frightened, panic-stricken

斩 | zhǎn
to behead, to chop

本级词

无关 | wúguān
unrelated

父子 | fùzǐ
father and son

超纲词

高昂 | gāo'áng
to raise high

惴惴不安 | zhuìzhuì-bù'ān
to tremble in fear

口风 | kǒufēng
one's intention or view as revealed
in what one says

怃然 | wǔrán
regretful, disappointed

和气 | héqi
friendly, amiable

蜡烛 | làzhú
candle

得得，锵锵，得，锵令锵！

我手执钢鞭将你打……"

赵府上的两位男人和两个真本家，正站在大门口论革命。阿Q没有看见他们，高昂着头，一边唱一边走了过去。

"老Q，"赵太爷小心地迎上来，低声叫住他。

阿Q没有想到他的名字会和"老"字联系起来，他以为是一句别的与自己无关的话，所以仍然唱着，没有停下来。

"老Q。"

"悔不该……"

"阿Q！"赵秀才只好叫他的名字。

阿Q这才站住，歪着头问："怎么了？"

"老Q……现在……"赵太爷却又不说话，"现在……发财吗？"

"发财？当然。要什么就有什么……"

"阿……Q哥，像我们这样的穷朋友……"赵白眼惴惴不安地说，似乎想听听革命党的口风。

"穷朋友？你肯定比我有钱。"阿Q说着，走开了。

大家都怃然，没有说话。赵太爷父子回家后，商量了一晚上。赵白眼回到家就从腰上取下褡裢来，交给他老婆藏在箱底里。

阿Q飘飘然地飞了一通，回到土谷祠，酒已经醒了。这天晚上，管理土谷祠的老头子也意外地和气，请他喝茶；阿Q问他要了两个饼，吃完之后，又要了一个烛台，点起蜡烛，独自躺在自己的小屋里。他说不出的新鲜和高兴，烛火像元夜[1]似的闪闪地跳，他的思想也跳跃起来了：

[1] 元夜：农历正月十五晚上，即元宵节的夜晚。元宵节是中国传统节日之一。

"造反？有趣……来了一群白盔甲的革命党，拿着炸弹、洋炮……走过土谷祠，叫道：'阿Q！走，一起去！'……"

"这时，未庄的人跪下喊'阿Q，饶命！'，但是没用，最该死的就是小D和赵太爷，还有赵秀才，还有假洋鬼子，……留几条活命吗？王胡本来可以留，但也不要了……"

"东西……走进去打开箱子：洋钱、洋纱衫……赵秀才老婆的宁式床[1]先搬到土谷祠，这里放上钱家的桌椅。我自己是不动手搬了，叫小D来搬，要搬得快，不快打嘴巴……"

"赵司晨的妹妹真丑。邹七嫂的女儿过几年再说。假洋鬼子的老婆和没有辫子的男人睡觉，不是好东西！赵秀才的老婆眼皮上有疤。吴妈很久不见了，不知道在哪里，可惜她脚太大……"

阿Q还没有想完，就已经睡着了。红焰焰的光，照着他张开的嘴。

第二天他起得很晚，到街上时，样样都照旧。他仍然饿着肚子，他想着，什么也想不起来；但他忽然有了主意似的，慢慢地跨开步，去了静修庵。

静修庵和春天时一样安静，仍然是白色的墙壁和漆黑的门。他想了想，上前去敲门，一只狗在里面叫。他急忙拾了几块断砖，继续敲，敲到黑色的门上有了许多麻点的时候，才有人来开门。

阿Q连忙捏好砖头，准备和黑狗开战。但门只开了一条

[1]　宁式床：一种做工精细、装饰豪华的宁波式大床。

本级词

炸弹 | zhàdàn
bomb

炮 | pào
firecracker

再说 | zàishuō
to put off something, to discuss later

跨 | kuà
to step across, to step astride

超纲词

砖 | zhuān
brick

本级词

回应 | huíyìng
to respond

超纲词

牢不可破 | láobùkěpò
indestructible

灵通 | língtōng
well-informed

头顶 | tóudǐng
top of the head

情投意合 | qíngtóu-yìhé
to find each other congenial

同志 | tóngzhì
comrade

相约 | xiāngyuē
to agree, to make an appointment

缝，并没有黑狗冲出来，他往里面看去，只有一个老尼姑在那里。

"你又来干什么？"她吃惊地说。

"革命了……你知道吗？……"阿Q说得很模糊。

"革命革命，革过一革的……你们要革得我们怎么样呢？"老尼姑两眼通红地说。

"什么？……"阿Q诧异了。

"你不知道，他们已经来革过了！"

"谁？……"阿Q更诧异了。

"赵秀才和假洋鬼子！"

阿Q非常意外，老尼姑见状迅速关上了门。阿Q再推门时，门已经牢不可破，再也没有人回应了。

这还是上午的事。赵秀才消息非常灵通，他一知道革命党在夜里进了城，就把辫子盘在头顶，早早去拜访和他向来不和睦的钱洋鬼子。他们立刻成了情投意合的同志，也相约去革命。他们想了又想，才想起静修庵里有一块"皇帝万岁万万岁"的龙牌，是应该赶紧革掉的，于是他们立刻一起到庵里去革命。老尼姑阻止，说了三两句话，也被他们打了。他们走后，龙牌碎在了地上，观音娘娘座前的宣德炉[1]也不见了。

这件事，阿Q后来才知道。他很后悔自己睡着了，也怨他们不来招呼他一起。但他又退一步想：

"难道是因为他们还不知道我已经投降了革命党吗？"

[1] 宣德炉：明宣宗宣德年间（1426—1435）制造的一种比较名贵的小型铜香炉，炉底有"大明宣德年制"字样。

一、根据文章判断正误。

(　　) 1. 阿Q亲眼见过革命党被杀。

(　　) 2. 普通老百姓都在讨论船来未庄的原因。

(　　) 3. 阿Q对革命很了解。

(　　) 4. 阿Q是第一个到静修庵里去革命的人。

(　　) 5. 阿Q宣布革命后，赵太爷等人对他的态度有了很大的改变。

二、根据文章填空。

1. 举人老爷和赵秀才向来不_____，不太可能有"共患难"的感情。

2. "阿……Q哥，像我们这样的穷朋友……"赵白眼_____地说，似乎想听听革命党的口风。

3. 这天晚上，管理土谷祠的老头子也意外地_____，请他喝茶。

4. 阿Q再推门时，门已经_____，再也没有人回应了。

5. 赵秀才消息非常_____，他一知道革命党在夜里进了城，就把辫子盘在头顶，早早去拜访和他向来不和睦的钱洋鬼子。他们立刻成了_____的同志，也相约去革命。

三、根据文章回答问题。

1. "最该死的就是小D和赵老爷，还有赵秀才，还有假洋鬼子，……但也不要了……"从这里可以看出阿Q革命的对象是谁?

2. 文章的标题是"革命"，你认为阿Q的革命目的是什么? 请谈谈你的看法。

本级词

算了 | suànle
let it pass, forget about it

照样 | zhàoyàng
as before, as usual

超纲词

称呼 | chēnghu
appellation, name

空荡荡 | kōngdàngdàng
empty

羡慕 | xiànmù
to envy

发脾气 | fā píqi
to get angry, to lose one's temper

第八章 不准革命

未庄人的心渐渐安静了。革命党虽然进了城，但是城里没有什么大的变化。官还是原来的官，只是改了称呼，带兵的也还是之前的老把总[1]，没换人。只有一件事比较可怕：有几个不好的革命党，第二天就开始剪大家的辫子，有些人已经被弄得不像人样。但这还不算太可怕，因为未庄人本来就很少去城里，现在即使想去，也不敢去了，所以碰不到这个危险。阿Q本来是想进城去找他的老朋友的，听到这个消息，也只能算了。

不过，未庄也不能说完全没有变化。几天之后，辫子盘在头顶上的人逐渐多了，最先盘辫的是赵秀才，其次是赵司晨和赵白眼，后来是阿Q。如果是在夏天，大家这样做不算是什么稀奇的事情，但现在是秋末，这样做就不能说与改革无关了。

赵司晨脑袋后面空荡荡的走过来，看见的人都大声说：

"革命党来了！"

阿Q很羡慕。他虽然早就知道赵秀才盘辫的大新闻，但没有想过自己也可以照样做，现在看到赵司晨也这样，才有了决心。他用一支竹筷把辫子盘在头顶上，犹豫了很长时间，才敢走出门去。

他在街上走着，人们也看到了他，但是都没有说话，阿Q很不愉快。他最近也很容易发脾气。其实他的生活，并不比之前艰难，人们见了他也很客气，酒店也不再说要现钱。但

[1] 清代最下一级的武官。

阿Q总觉得自己不如意：既然革命了，不应该只是这样的。

小D也把辫子盘在头顶上了，而且居然也用了一支竹筷。这是阿Q万万没想到的。他决不允许小D这样做！他很想立刻揪住他，弄断他的竹筷，放下他的辫子，并且打他几个嘴巴，算是惩罚他的罪过——他竟然忘记了自己的身份，竟然也敢来做革命党。但他最终还是饶恕了他，只是怒目而视地吐了口唾沫，说了句"呸"！

这几天，进城的只有假洋鬼子一个人。赵秀才本来也想去拜访举人老爷，但因为有被剪辫子的危险，所以没去。他写了一封信，委托假洋鬼子带去，请他帮自己介绍介绍，他想加入革命党。假洋鬼子回来的时候，跟赵秀才要了四块洋钱，于是赵秀才就有了一块银桃子[1]，挂在了他的衣服上。

本级词

允许 | yǔnxǔ
to permit, to allow, to enable

超纲词

如意 | rúyì
satisfying

揪 | jiū
to hold tight, to seize

惩罚 | chéngfá
to punish

饶恕 | ráoshù
to pardon, to forgive

[1] 桃形银质证章。

41

超纲词

骤然 | zhòurán
abruptly, suddenly

结识 | jiéshí
to get to know someone

怯 | qiè
tacky, timid

大吃一惊 | dàchī-yìjīng
astonished

棍子 | gùnzi
stick, rod

披头散发 | pītóu-sànfà
with hair dishevelled, with tousled
hair

挺直 | tǐngzhí
straight and upright

毕恭毕敬 | bìgōng-bìjìng
extremely deferential

打招呼 | dǎ zhāohu
to greet (by word or action), to say
hello

起劲 | qǐjìn
energetic, enthusiastic

未庄人都既惊讶又佩服，赵太爷也因此骤然大阔，远远超过他儿子当初当上秀才的时候。

阿Q正感到不平，又时刻感受到被冷落，所以一听到银桃子的传说，他立刻知道了原因：要革命，只说投降，是不行的；盘上辫子，也是不行的；第一个办法仍然是要和革命党去结识。但是，他知道的革命党只有两个，城里的那个早已经被杀掉了，只剩下了假洋鬼子，他除了赶紧去和假洋鬼子商量之外，没有别的路了。

钱家的门开着，阿Q怯怯地走了进去。他刚走进去，就大吃一惊：只见假洋鬼子正站在院子的中央，一身乌黑的洋衣服上也挂着一块银桃子，手里拿着之前打阿Q的棍子，三十多厘米长的辫子都拆开了，披头散发地披在肩背上……对面挺直地站着赵白眼和三个闲人，正在毕恭毕敬地听他说话。

阿Q轻轻地走过去，站在赵白眼的后面，心里想打招呼，却不知道说什么好：叫他假洋鬼子肯定是不行的，洋人也不合适，革命党也不好，或者叫洋先生吧。

洋先生却没有看见他，因为他讲得正起劲。

"我的个性是比较急的，所以我们见面，我总是说：'洪哥[1]！我们动手吧！'他却总是说'No！'——这是洋话，你们是不懂的。否则早就成功了。但是这也正是他做事小心的地方。他好多次请我上湖北，我没有去。谁愿意在小县城里做事情……。"

"嗯……这个……"阿Q等他稍微停下时，终于用了

[1]　大概指黎元洪，1911 年他退居为革命军的鄂军都督。

42

十二分的勇气说了话，但不知道为什么，阿Q没有叫他洋先生。

听到说话声的四个人都吃惊地回过头来看。洋先生这才看到阿Q。

"什么？"洋先生说。

"我……"阿Q说。

"出去！"洋先生说。

"我要投……"阿Q说。

"滚出去！"洋先生举起了哭丧棒。

赵白眼和闲人们也都叫道："先生叫你滚出去，你没听到吗？"

阿Q边用手遮头，边逃出门外去了，洋先生没有追。他先是快跑了六十多步，然后才慢慢地走着，他心里渐渐起了忧愁：洋先生不准他革命，他再也没有别的出路——闲人们会把此事传开去，阿Q会被小D、王胡等人笑话，但这还不是最重要的，最重要的是，他所有的抱负、志向、希望、前程，全都破灭了。

他似乎从来没有感受过这样的无聊和无助。他自己的盘辫子，仿佛没有了意义，甚至有了些厌弃的感觉；他很想立刻放下来，但最终没有。他闲混到晚上，赊欠了两碗酒，喝下肚，渐渐地又高兴起来，思想里才又出现了白盔甲的画面。

有一天，他同样混到半夜，待酒店快要关门，才慢慢地回到土谷祠去。

啪啦……！

他忽然听到一种异样的声音，但又不是爆竹。阿Q本来

出路 | chūlù
way out, future prospect

此事 | cǐshì
this matter

混 | hùn
to muddle along

超纲词

遮 | zhē
to cover, to hide from view

忧愁 | yōuchóu
worried, sad, gloomy

抱负 | bàofù
ambition, aspiration

志向 | zhìxiàng
aspiration, ideal

前程 | qiánchéng
future, prospect

破灭 | pòmiè
to shatter, to fall through

爆竹 | bàozhú
firecracker

超纲词

竖 | shù
to erect

器具 | qìjù
utensil, furniture

寂静 | jìjìng
quiet, silent

就爱看热闹，爱管闲事，他便暗暗地寻着声音找过去。似乎前面有脚步声，他正<u>竖</u>着耳朵听，猛然间一个人从对面逃了过来。<u>阿Q</u>赶紧跟着逃。那个人转弯，他也转弯，转过弯，那个人站住了，<u>阿Q</u>也站住了。他看到那个人没再有新动作，才仔细看了看，竟然是<u>小D</u>。

"什么？"<u>阿Q</u>不平起来。

"<u>赵</u>……<u>赵</u>家遭抢了！"<u>小D</u>气喘吁吁地说。

<u>阿Q</u>的心怦怦地跳了。<u>小D</u>说了便走，<u>阿Q</u>却逃而又停的两三回。但他毕竟是做过这类事情的人，格外胆大，于是他又停下来，仔细地听，似乎有些嚷嚷，又仔细地看，似乎有许多白盔甲的人，把箱子抬出去了，<u>器具</u>抬出去了，<u>赵秀才</u>老婆的宁式床也抬出去了，但是他没看清楚，他还想上前看，两只脚却没有动。

这一晚没有月亮，<u>未庄</u>很<u>寂静</u>。<u>阿Q</u>一直看到连自己都有点不耐烦了，那些人却还是和先前一样，在那里来来往往地搬，箱子抬出去了，器具抬出去了，<u>赵秀才</u>老婆的宁式床也抬出去了……抬得他有些不相信自己的眼睛了。但他决定不再上前，回到自己的<u>土谷祠</u>里去了。

<u>土谷祠</u>里更黑。他躺了好大一会儿，才定了神，而且生出关于自己的思想来：白盔甲的人明明到了，却不来打招呼；搬了许多好东西，又没有自己的份。这全是<u>假洋鬼子</u>可恶，不准我造反，否则，这次怎么会没有我的份呢？<u>阿Q</u>越想越生气，以至于狠狠地点了点头："不准我造反，只准你造反？妈妈的<u>假洋鬼子</u>！好，你造反！造反是杀头的罪名，我要去告你的状，看你被抓进县里去杀头——满门抄斩，嚓！嚓！"

44

一、根据文章判断正误。

（　　）1. 革命党虽然进了城，但是城里完全没有变化。

（　　）2. 赵司晨被人们看作是革命党。

（　　）3. 阿Q认为小D不配做革命党。

（　　）4. 假洋鬼子不准阿Q"革命"，是因为他看不起阿Q。

（　　）5. 当真的"革命"到来时，阿Q是恐惧的。

二、根据文章填空。

1. 但阿Q总觉得自己不＿＿＿＿＿＿＿＿＿＿＿：既然革命了，不应该只是这样的。

2. 他很想立刻＿＿＿＿＿＿＿＿＿住他，弄断他的竹筷，放下他的辫子，并且打他几个嘴巴，算是＿＿＿＿＿＿＿＿＿他的罪过。

3. 未庄人都既＿＿＿＿＿＿＿＿＿又＿＿＿＿＿＿＿＿＿＿，赵太爷也因此＿＿＿＿＿＿＿＿＿大阔，远远超过他儿子当初当上秀才的时候。

4. 钱家的门开着，阿Q＿＿＿＿＿＿＿＿＿地走了进去。他刚走进去，就＿＿＿＿＿＿＿＿＿。

5. 洋先生不准他革命，他再也没有别的＿＿＿＿＿＿＿＿＿——闲人们会把此事传开去，阿Q会被小D、王胡等人笑话，但这还不是最重要的，最重要的是，他所有的＿＿＿＿＿＿＿＿＿、＿＿＿＿＿＿＿＿＿、＿＿＿＿＿＿＿＿＿、＿＿＿＿＿＿＿＿＿，全都破灭了。

三、根据文章回答问题。

1. 赵家遭抢时，阿Q逃而又停的两三回，这表现了阿Q什么样的心态？

2. 阿Q为什么要去告假洋鬼子"造反"的状？你怎么看待阿Q"革命"态度的变化？

第九章 大团圆

赵家被抢之后，未庄的人既快意又恐慌，阿Q也是如此。但四天之后，阿Q也突然被抓进城里去了。当时是半夜，天很黑，一队兵，一队壮丁，一队警察，五个侦探，悄悄地到了未庄，他们趁天黑围住了土谷祠，正对着门架好了枪。可是阿Q没出来，他很长时间都没有动静，应该是睡着了。后来，他们等得不耐烦了，于是翻墙进去，把阿Q抓了出来，阿Q这才清醒了。

到城里时，已经是中午，阿Q被带进一间小黑屋。他刚进去，还没站稳，门就跟着他的脚后跟关上了，其余的三面都是墙壁，仔细看时，屋子里还有两个人。那两个人仿佛也是乡下人，一个是因为举人老爷要追他祖父欠下的租金，另一个不知道是因为什么事。他们问阿Q，阿Q说："因为我想造反。"

他下午被抓出去，带到了大堂[1]，堂上面坐着一个光头的老头子。阿Q怀疑他是和尚，但看见下面站着一排兵，两边又站着十几个长衫人物[2]，有像这老头子的，也有头发披在背后像假洋鬼子的，都是一脸横肉，怒目而视地看他。他知道，这些人一定有些来历，于是立刻跪了下去。

"站着说话！不要跪！"长衫人物说。

阿Q懂得，但身体早已不由自主地跪下了。

"奴隶性！……"长衫人物鄙夷地说，但也没有叫他起来。

[1] 指旧时官府办事或审理案件的地方。
[2] 长衫人物代表富裕的上层人士或文化人，短衫人物代表贫穷的劳动人民。

"你实话实说吧，我早就都知道了，你说了可以放你走。"那光头的老头子看了看阿Q的脸，沉静、清楚地说。

"说吧！"长衫人物也大声说。

"我本来要……来投……"阿Q糊里糊涂地说。

"那么，为什么不来了呢？"老头子和气地问。

"假洋鬼子不准我！"

"胡说！现在说，也晚了。现在你的同伙在哪里？"

"什么？……"

"那一晚抢劫赵家的一伙人。"

"他们没有来叫我。他们自己搬走了。"阿Q提起来就很生气。

"走到哪里去了呢？说出来就放了你。"老头子更和气了。

"我不知道……他们没有来叫我……"

阿Q又被抓进了小黑屋。他第二次出来的时候，是第二天的上午。

大堂的情形都照旧。上面仍然坐着光头的老头子，阿Q也仍然下了跪。

老头子和气地问道："你还有什么话说吗？"

阿Q想了想，没有什么话要说，就回答说："没有。"

于是，一个长衫人物拿了一张纸和一支笔，送到阿Q的面前，把笔塞到阿Q手里。阿Q很吃惊，几乎"魂飞魄散"了：因为他的手和笔相关，这是第一次。他还不知道怎样拿，那人却又指着一处地方教他画花押[1]。

[1] 旧时公文契约上的草书签名或代替签名的特定符号。

超纲词

同伙 | tónghuǒ
accomplice, partner

抢劫 | qiǎngjié
to rob, to loot

魂飞魄散 | húnfēi-pòsàn
frightened out of one's wits

47

本级词

铺 | pū
to spread, to extend, to unfold

超纲词

惭愧 | cánkuì
ashamed

抖 | dǒu
to tremble, to shiver, to shake

听话 | tīnghuà
obedient

瓜子 | guāzǐ
melon seeds

懊恼 | àonǎo
upset, annoyed

污点 | wūdiǎn
taint

追赃 | zhuīzāng
to order the return of stolen money
or goods

示众 | shìzhòng
to publicly expose

破案 | pò'àn
to solve a case

"我……我……不认得字。"阿Q抓住了笔，惭愧地说。

"那就画一个圆圈！"

阿Q手不停地抖。于是那人替他把纸铺在地上，阿Q弯下腰去，用尽平生的力气画圆圈。他很怕被人笑话，很想画圆一些，但这笔不但重，而且不听话，刚刚一抖一抖地几乎快要画完了，却又向外一耸，画成了瓜子模样。他最终没有画得很圆。

阿Q正惭愧，那人却早已抽走了纸笔，阿Q也被第二次抓进了小黑屋。

他倒也不十分懊恼。他认为人生本来就有抓进抓出，有时也要在纸上画圆圈，但是圈画得不圆，却是他的一个污点。不过，没过多久，他也就不想了，他觉得：孙子才画得很圆呢。于是他睡着了。

然而这天晚上，举人老爷却没睡着：他和把总闹矛盾了。举人老爷主张第一要追赃，把总主张第一要示众。把总近来很不把举人老爷放在眼里，拍桌子说道："我做革命党还不到二十天，就有十几件抢劫案，如果全都不能破案，我的面子放哪里？不行！这是由我管的事情！必须要示众！"举人老爷也急了，他还是坚持，并且表示：如果不先追赃，他就立刻辞职。把总仍然不答应，他说："请便吧！"于是举人老爷一夜没睡，不过第二天倒也没有辞职。

阿Q第三次被抓出来的时候，是举人老爷睡不着的第二天的上午。他到了大堂，上面还是坐着光头老头子，阿Q也还是下了跪。

老头子很和气地问道："你还有什么话吗？"

阿Q回答说："没有。"

许多长衫和短衫人物，忽然给他穿上了一件洋布白背心，上面有些黑字。阿Q很生气：因为这很像是带孝[1]，是非常不吉利的。

阿Q被抬上了一辆车，几个短衣人物也和他坐在一起。车前面是兵和壮丁，两边是张着嘴的看客，后面是什么情况，阿Q没有看见。但他突然意识到：这不是要去杀头吗？他一着急，两眼发黑，似乎要晕过去。然而他又没有完全晕，有时着急，有时泰然，在他的观念里，似乎人生本来也免不了要杀头的。

阿Q认得路，他有些诧异了：怎么不向杀头的地方走呢？他不知道这是在游街，在示众。即使知道也一样，他不一会儿又以为人生本来有时也免不了要游街示众罢了。

他醒悟了：这是绕道的路，一定是去杀头的地方的路。他茫然地四处看，全是蚂蚁似的人，无意中，他在路边的人群中发现了吴妈。很久没见，原来她到城里打工了。阿Q忽然很想唱几句戏。他的思想仿佛旋风似的在脑海里旋转：《小孤孀上坟》气势不足，《龙虎斗》里的"悔不该……"也是，还是"手执钢鞭将你打"吧。他正想扬起手，才想起手都被绑着，于是"手执钢鞭"也不唱了。

"过了二十年又是一个……"阿Q在百忙中，"无师自通"地说出半句从来没说过的话。

[1] 死者的亲属在一定丧期内穿着孝服，或者在袖子上缠黑纱、头上扎白绳等，表示哀悼。也作"戴孝""挂孝"。

本级词

吉利 | jílì
lucky, propitious

晕 | yūn
to feel dizzy, to faint

罢了 | bàle
a sentence-final particle indicating moods such as don't mind, that's all, nothing much, etc.

旋转 | xuánzhuǎn
to revolve, to rotate, to spin

超纲词

泰然 | tàirán
calm, composed, self-possessed

免不了 | miǎnbuliǎo
to be unavoidable

游街 | yóujiē
parade somebody through streets

绕道 | ràodào
to make a detour

茫然 | mángrán
confused, bewildered

气势 | qìshì
imposing manner, vigor

无师自通 | wúshī-zìtōng
self-taught, to learn something without a teacher

本级词

支撑 | zhīchēng
to prop up, to sustain, to support

救命 | jiùmìng
to save someone's life

趟 | tàng
measure word for times of
occurrences, round trips

超纲词

狼 | láng
wolf

喝彩 | hècǎi
to acclaim, to applaud, to cheer

钝 | dùn
blunt

锋利 | fēnglì
sharp

咀嚼 | jǔjué
to chew

灵魂 | línghún
spirit, soul

舆论 | yúlùn
public opinion

枪毙 | qiāngbì
to execute by shooting

囚 | qiú
prisoner

"好！！！"从人群里，发出狼叫一般的声音。

车子不停地前进，阿Q在喝彩声中，转着眼睛去看吴妈，似乎她根本没有看见他，她只是专心地看着兵背上的洋炮。

阿Q于是又看那些喝彩的人们。

刹那间，他的思想又仿佛旋风似的在脑海里旋转：四年前，他曾在山脚下遇见一只饿狼，永远是不远不近地跟着他，要吃他的肉。他那时吓得几乎要死，幸好手里有一把刀，他才支撑到未庄。他永远记得那狼的眼睛，闪闪的像两颗鬼火[1]，穿透了他的皮肉。而这次，他又看见从来没有见过的更可怕的眼睛了，又钝又锋利，不但已经咀嚼了他的话，而且还要咀嚼他皮肉以外的东西，永远也是不远不近地跟着他。

这些眼睛们似乎已经在咬他的灵魂。

"救命……"

然而阿Q没有说。他早就两眼发黑，全身仿佛微尘似的散开了。

至于舆论方面，未庄人自然都说阿Q坏，被枪毙就是他坏的证据：不坏怎么会被枪毙呢？而城里的人大多不满足，他们认为枪毙没有杀头好看，而且那是怎样的一个可笑的死囚啊，游了那么长时间的街，竟然没有唱出一句戏：他们白跟了一趟。

[1] 夜晚时在墓地或郊野出现的浓绿色磷光。世俗迷信，以为是鬼点的火。

一、根据文章判断正误。

（　　）1. 捉拿阿Q的时候派了很多人。

（　　）2. 审问阿Q的老头子是个和尚。

（　　）3. 阿Q"画圆圈"的细节表现出阿Q是一个很认真的人。

（　　）4. 阿Q被枪毙是因为他坏。

（　　）5. "狼"在文中象征着麻木的看客。

二、根据文章填空。

1. 赵家被抢之后，未庄的人既_____又_____，阿Q也是如此。

2. 阿Q很吃惊，几乎"_____"了：因为他的手和笔相关，这是第一次。

3. 他很怕被人笑话，很想画圆一些，但这笔不但重，而且不_____，刚刚一抖一抖地几乎快要画完了，却又向外一_____，画成了瓜子模样。

4. 他一着急，两眼发黑，似乎要晕过去。然而他又没有完全晕，有时着急，有时_____，在他的观念里，似乎人生本来也_____要杀头的。

5. "过了二十年又是一个……"阿Q在百忙中，"_____"地说出半句从来没说过的话。

三、根据文章回答问题。

1. 小说中阿Q为什么会被枪毙？人们对阿Q之死的态度说明了什么？请谈谈你的看法。

2. 阿Q是世界文学宝库中一个深入人心的经典人物，请结合文章分析阿Q的形象特点，并分享一下你知道的类似的文学形象。

孔乙己

本级词

热水 | rèshuǐ
hot water

镇 | zhèn
town

超纲词

柜台 | guìtái
counter, bar

　　鲁镇的酒店，和别的地方不一样：柜台对着街道，里面准备着热水，可以随时温酒[1]。工作的人，中午或下午下班后，往往会花四文铜钱[2]，买一碗酒——这是二十多年前的事，现在每碗要涨到十文——靠在柜外站着，热热地喝了休息；如果愿意多花一文，可以买一碟盐煮笋[3]，或者茴香豆[4]，做下酒菜[5]；如果花十几文，就能买一样肉类。但这些顾客，大多是短衣帮[6]，大多没有这样阔。只有穿长衫[7]的人，才慢步走进店面隔壁的房子里，要酒要菜，慢慢地坐着喝。

　　我从十二岁起，就在镇上的咸亨酒店工作，老板说我长

[1] 用火或热水把酒稍微加热。
[2] 古代的一种钱币，圆形，中间有方孔，也有圆孔的。
[3] 用盐水煮过的竹笋。
[4] 浙江绍兴的传统小吃，属于民间休闲食品，也是下酒菜。
[5] 喝酒时常吃的菜肴，如花生米、藕片等。
[6] 旧时劳动人民穿短衣，短衣帮一般是指贫穷的劳动人民。
[7] 旧时男子穿的大褂儿、长袍，长衫客一般社会等级高，比较富有。

得傻，怕我服务不好长衫顾客，让我在外面做事。外面的短衣顾客，虽然容易交流，但爱唠叨的也不少。他们要亲眼看着黄酒从坛子里舀出，看着壶底没有水，又亲眼看着把壶放到热水里，才会放心：在这样的严格监督下，我想往酒里掺水也很难。所以过了几天，老板就说我干不了这件事。幸亏介绍人的面子大，不能辞退我，只好安排我负责温酒。

  我从此便整天站在柜台里温酒。虽然没出过什么错，但总觉得有些单调，有些无聊。老板很凶，顾客的态度也不怎么好，只有孔乙己到店里时，我才可以笑几声，所以至今还记得他。

  孔乙己是唯一一个站着喝酒却穿着长衫的人。他身材高大，胡子很白，脸上常常有伤。他穿的虽然是长衫，可是又脏又破，似乎十多年没有补，也没有洗。他对人说话，总是满口之乎者也[1]，叫人半懂不懂。因为他姓孔，别人便从描红纸[2]上的"上大人孔乙己"[3]这句半懂不懂的话里，替他取了一个绰号，叫孔乙己。孔乙己一到店里，喝酒的人就都看着他笑，有的叫道："孔乙己，你脸上又添新伤了！"他不回答，只说："温两碗酒，要一碟茴香豆。"同时排出九文大钱。他们又故意高声说道："你一定又偷了人家的东西了！"孔乙己睁大眼睛说："你怎么能这样没有依据地冤枉人……""冤枉你？我前天亲眼看见你偷了何家的书，被吊着打。"孔乙己涨红了脸，争辩道："窃书不能算偷……

[1] 意思是满口文言词语。这里用来表现孔乙己的书呆子气。
[2] 一种印有红色楷体字、用于儿童练习毛笔字的字帖。
[3] 古代的一种描红纸，印有"上大人孔乙己化三千七十士尔小生八九子佳作仁可知礼也"这样一些笔画简单、三字一句、似通非通的文字。

本级词

壶 | hú
pot

监督 | jiāndū
to supervise

凶 | xiōng
rude, fierce

添 | tiān
to add, to increase

吊 | diào
to hang, to lift up or let down with a rope, etc.

涨 | zhàng
to be swelled by a rush of blood (of one's head)

超纲词

舀 | yǎo
spoon, ladle

掺 | chān
to mix something into another

辞退 | cítuì
to dismiss

半懂不懂 | bàndǒng-bùdǒng
not to completely understand

绰号 | chuòhào
nickname

冤枉 | yuānwang
to treat unjustly

争辩 | zhēngbiàn
to argue, to debate

窃 | qiè
to steal, to burgle

窃书！……读书人的事，能算偷吗？"接着就是一些难懂的话，比如"君子固穷"[1]，比如"者乎"之类，引人大笑。店内外充满了快活的空气。

听说孔乙己曾经读过书，但最终没能进学[2]，也没有什么谋生手段，于是越来越穷。幸亏字写得好，就替人家抄抄书，换一口饭吃。可惜他又有好喝懒做的坏毛病，每次做不到几天，人就和书籍、纸笔等一起不见了。像这样几次以后，也没有人叫他抄书了。孔乙己没办法，就免不了偶然做些偷窃的事情。但是他在我们店里，品行却比别人都好，从不拖欠钱；虽然有时没有现钱，暂时记在账上，但不到一个月，一定会还清。

[1] 出自《论语》。君子指德才兼备、品德高尚之人。"君子固穷"的意思是君子不会因为穷困就改变自己的品德。
[2] 古代知识分子的等级分为童生、秀才、举人、进士。童生经过考试，进入府、县读书，叫进学，也叫做"中秀才"。

孔乙己喝了半碗酒后，脸色渐渐恢复，别人又问道："孔乙己，你真的认识字吗？"孔乙己看着问他的人，显出不屑争辩的神情。他们便接着说："那你为什么连半个秀才也没捞到呢？"孔乙己立刻显出不安的模样，嘴里又全是"之乎者也"之类的话，更听不懂了。这时候，众人也都大笑起来：店内外又充满了快活的空气。

在这些时候，我可以附和着笑，老板是不会责备的。而且老板见了孔乙己，也常常这样问他。孔乙己自己知道不能和他们聊天，只好跟孩子说话。有一次他对我说道："你读过书吗？"我点了点头。他说："读过书，……那我就考考你。茴香豆的'茴'字，怎么写？"我想，讨饭一样的人，也有资格考我吗？便转过脸去，不理他了。孔乙己等了很久，很真诚地说道："不会写吧？……我教你，记着！这些字应该记着。将来做老板的时候，记账要用。"我心想，我和老板的等级还差很远呢，而且我们老板也从来不把茴香豆记账上。于是又好笑，又不耐烦地对他说："谁要你教，不就是'艹'字头底下一个'回'字吗？"孔乙己显出极高兴的样子，两个长指甲敲着柜台，点头说："对呀对呀！……'回'字有四种写法[1]，你知道吗？"我更加不耐烦地走开了。孔乙己刚用指甲蘸了酒，想在柜台上写字，见我一点儿也不热心，便又叹了一口气，显出极惋惜的样子。

有几次，邻居孩子听见笑声，也凑热闹，围住了孔乙己。他便给他们茴香豆吃，一人一颗。孩子吃完豆，仍然不走，眼睛都看着碟子。孔乙己连忙伸开五指，把碟子护住，

[1] "回"字的四种写法："回""囘""囬""𡆧"。

本级词

显出 | xiǎnchū
to manifest, to display, to express

笑声 | xiàoshēng
laughter

护 | hù
to protect, to guard

超纲词

不屑 | búxiè
to belittle, to disdain

捞 | lāo
to fish for, to scoop up

附和 | fùhè
to agree with, to echo

责备 | zébèi
to scold, to reproach, to blame

好笑 | hǎoxiào
funny, ridiculous

蘸 | zhàn
to dip in

惋惜 | wǎnxī
to feel sorry for somebody, to sympathize with

凑 | còu
to gather together

本级词

打断 | dǎduàn
to break, to interrupt

晓得 | xiǎode
to know, to understand

炉 | lú
stove, furnace, fireplace

闭 | bì
to close, to shut

超纲词

结账 | jiézhàng
to pay a bill, to settle accounts

哦 | ò
oh (interjection used to show that
one has understood something)

发昏 | fāhūn
to feel giddy, to feel dizzy

认错 | rèncuò
to acknowledge one's mistake

门槛 | ménkǎn
threshold

盘坐 | pánzuò
to cross one's legs

垫 | diàn
to fill up, to pad

弯腰下去说道："不多了，我已经不多了。"直起身又看一看豆，自己摇头说："不多不多！多乎哉？不多也。"[1]于是这一群孩子都在笑声里离开了。

孔乙己是这样的使人快活，可是即使没有他，别人也还是照样生活。

有一天，大约是中秋节前的两三天，老板正在慢慢地结账，他忽然说："孔乙己好久没有来了。他还欠着钱呢！"我也才觉得孔乙己的确好久没有来了。一个喝酒的人说道："他怎么会来？……他被打断腿了。"老板说："哦！""他还总是偷。这一次，是自己发昏，竟然偷到丁举人家里去了。他家的东西，能偷吗？""后来怎么样？""怎么样？先写认错书，后来是打，打了大半晚上。""后来呢？""后来打断了腿。""打断了以后又怎样了呢？""怎样？……谁晓得？也许死了。"老板没有再问。

中秋节后，秋风一天比一天凉，马上要到冬天了，我整天靠着炉火，也需要穿上棉袄。有一天下午，一个客人也没有，我正闭着眼睛坐着，忽然听到有人说："温一碗酒。"这声音虽然极低，却很熟悉。

我站起来，只见孔乙己坐在柜台下的门槛上，他脸上又黑又瘦，已经不像人样；穿着一件破棉袄，两腿盘坐着，下面垫了一个东西，用草绳挂在肩上。他看到我，又说道："温一碗酒。"老板也伸出头去说："是孔乙己吗？你还

---

[1] 孔乙己说的这句古文出自《论语》，这里的意思是：多吗？不多了！

欠着钱呢！"孔乙己仰面答道："这……下次还清吧。这一次是现钱，要好酒。"老板仍然和平常一样，笑着对他说："孔乙己，你又偷东西了！"但他这回却没有争辩，只说了一句"不要取笑！""取笑？要是不偷，怎么会被打断腿？"孔乙己小声说道："跌断，跌，跌……"他的神情，很像是恳求老板不要再继续说。此时已经聚集了好几个人，也都笑了。我把酒温好后，放在门槛上。他从破衣服口袋里摸出四文钱，放在我手里，只见他满手都是泥，原来他是用这手走来的。不一会儿，他喝完酒，又在众人的说笑声中，坐着用这手慢慢离开了。

从那以后，又很久没有看见孔乙己。到了年底，老板又说："孔乙己还欠着钱呢！"到了第二年的端午节，又说"孔乙己还欠着钱呢！"到中秋时倒是没有说，再到年底也还是没有看见他。

我到现在也没有再见到他——大约孔乙己的确死了。

一九一九年三月

本级词

仰 | yǎng
to face upward

泥 | ní
mud, soil

端午节 | Duānwǔ Jié
The Dragon Boat Festival (the 5th day of the 5th lunar month)

超纲词

取笑 | qǔxiào
to ridicule, to make fun of

恳求 | kěnqiú
to implore, to beg

聚集 | jùjí
to gather, to assemble

59

一、根据文章判断正误。

（　　　）1. 孔乙己是个秀才。

（　　　）2. 孔乙己是唯一一个站着喝酒却穿着长衫的人。

（　　　）3. 我跟孔乙己学会了"回"字的四种写法。

（　　　）4. 孔乙己的茴香豆被孩子们吃光了。

（　　　）5. 孔乙己是个使人快活但又可有可无的人。

二、根据文章填空。

1. _____介绍人的面子大，不能_____我，只好安排我
负责温酒。

2. 他对人说话，总是满口_____，叫人_____。

3. 孔乙己喝了半碗酒后，脸色渐渐恢复，别人又问道："孔乙己，你真的认识
字吗？"孔乙己看着问他的人，显出_____争辩的神情。他们便
接着说："那你为什么连半个秀才也没_____到呢？"

4. 在这些时候，我可以_____着笑，老板是不会_____的。

5. 我到现在也没有再见到他——_____孔乙己_____死了。

三、文中描写的这几类人是怎样对待孔乙己的？请选择正确答案。

1. 丁举人　　　　　　　　　A. 瞧不起他但又觉得他使人快活

2. 短衣帮　　　　　　　　　B. 打断了他的腿

3. 掌柜的　　　　　　　　　C. 取笑他被打断了腿，只记住欠了钱

4. 小伙计　　　　　　　　　D. 要他的茴香豆

5. 小孩子　　　　　　　　　E. 嘲笑揭短

四、根据文章回答问题。

1. 孔乙己"排出九文大钱"中的"排"字，表现出他什么样的心理？

2. 文中有几处写到人们的"笑"？每次笑的原因是什么？请结合具体的语句，加以分析。

3. 请结合课文，从行为、外貌、语言动作等角度概括孔乙己的人物形象特征。

祝福

超纲词

农历 | nónglì
the lunar calendar

时不时 | shíbùshí
from time to time

燃放 | ránfàng
to set off (firecrackers, fireworks, etc.)

火药 | huǒyào
gunpowder

寒暄 | hánxuān
to exchange greetings

投机 | tóujī
congenial, agreeable

鲁镇准备祝福

农历的年底是最像年底的，不仅在村镇上，天空中也会显出快要到新年的气象。灰白色的晚云时不时发出亮光，接着一声钝响，是送灶[1]的爆竹，近处燃放的声音还没有停下，空气里就已经散满了火药香。我是在这一天晚上回到我的故乡鲁镇的。虽然说是故乡，其实已经没有了家，所以只能暂时住在鲁四老爷的家里。他是我的本家，比我高一辈，我应该叫他"四叔"。他没有什么大的改变，只是老了一些。一见面是寒暄，寒暄之后说我"胖了"，说我"胖了"之后就大骂新党[2]。我知道这并不是在故意骂我，而是骂康有为[3]。但是，谈话是不投机的了，于是没多久，就只剩我

[1] 旧俗农历十二月二十四日为灶神升天日，在这一天或前一天祭送灶神，称为"送灶"。
[2] 清末戊戌变法前后对主张或倾向维新的人的称呼，辛亥革命前后，也用来称呼革命党人及拥护革命的人。
[3] 康有为（1858–1927）：中国清末资产阶级改良主义维新运动的领袖。他主张变法维新，改君主专制为君主立宪。

一个人在书房里了。

　　第二天，我起得很晚，午饭之后，去看了几个本家和朋友，第三天也是如此。他们也都没有什么大的改变，只是老了些，家中也都忙，都在准备着"祝福"[1]。这是鲁镇年末的大典礼，是为了迎接福神，拜求来年的好运气。杀鸡，杀鹅，买猪肉，用心地洗。煮熟之后，在这类东西上横七竖八地插上一些筷子，就可以称为"福礼"[2]了。天快亮时，摆出来，点上香烛，请福神们来享用。之后就是行礼叩拜，只有男人可以，女人不能，拜完仍然是放爆竹。年年如此，家家如此，今年也如此。天色更加阴了，下午下起雪来，雪花有梅花那么大，漫天飞舞，夹着烟霭和忙碌的气色，把鲁镇乱成一团。

　　我回到四叔的书房里时，房间里已经被雪照映得很明亮，可以很清楚地看到墙壁上挂着的大"寿"字，一侧的对联已经掉落，松松地卷着放在长桌上，另外一边的还在，上面写着"事理通达心气和平"[3]。我无聊地到窗下的桌子上翻书，看到一部看上去并不完整的《康熙字典》[4]，一部《近思录集注》和一部《四书衬》。无论如何，我决定明天要走了。

[1]　旧时江南一带每年年末的一种迷信活动。
[2]　福礼：祭祀所用的牺牲礼品。
[3]　"事理通达心气和平"：出自朱熹《论语集注》。朱熹在《季氏》篇中"不学诗无以言"和"不学礼无以立"下分别注"事理通达而心平气和，故能言""品节详明而德性坚定，故能立"。
[4]　《康熙字典》：清代康熙年间张玉书、陈廷敬等奉旨编纂的一部大型词典，康熙五十五年（1716）刊行。下文的《近思录集注》是一部理学入门书，宋代朱熹、吕祖谦选录周敦颐、程颢、程颐以及张载四人的文字编成，共十四卷。《四书衬》是一部解说"四书"（《论语》《孟子》《大学》《中庸》）的书，清代骆培著。

本级词

书房 | shūfáng
study

用心 | yòngxīn
attentive, diligent

梅花 | méihuā
plum blossom, wintersweet

超纲词

鹅 | é
goose

横七竖八 | héngqī-shùbā
at sixes and sevens, in disorder

享用 | xiǎngyòng
to enjoy (the use of)

叩拜 | kòubài
to bow in salute

漫天飞舞 | màntiān fēiwǔ
to fly all over the sky

忙碌 | mánglù
busy, bustling

乱成一团 | luànchéng yìtuán
in a great mess

照映 | zhàoyìng
to shine, to illuminate

对联 | duìlián
poetic couplet

无论如何 | wúlùn-rúhé
anyhow, at any rate

超纲词

安心 | ānxīn
relieved, at ease

拄 | zhǔ
to lean on (a stick, etc.)

无精打采 | wújīng-dǎcǎi
listless, in low spirits

盯 | dīng
to fix one's eyes on, to gaze at

偏偏 | piānpiān
deliberately

疑惑 | yíhuò
to doubt

祝福之夜惨死

况且，我一想到昨天遇见祥林嫂的事，就更不能安心住了。昨天下午，我拜访完一个朋友，刚走出朋友家，就在河边遇见了她，而且从她看我的神情也可以知道，她也是专门来找我的。我这次回来鲁镇，见到的人们中，属祥林嫂的变化最大：她头发已经全白了，完全不像是四十岁左右的人；脸上非常瘦，而且黄中带黑，像木头人一样；只有眼睛稍微动一下时，别人才能看出她是个活人。她一只手提着竹篮，里面有一个破空碗，另一只手拄着一支比她还长的竹竿，下端裂开了。她已经完全是一个乞丐了。

我站住了，预备着她来讨钱。

"你回来了？"她先这样问。

"是的。"

"这正好。你是识字的，又是出门在外的人，见识多。我正想问你一件事——"她那无精打采的眼睛忽然有光了。

我万万没想到她说出这样的话来，诧异地站着。

"就是——"她走近两步，放低了声音，极秘密似的说："一个人死了之后，究竟有没有灵魂？"

我很悚然，她的眼睛正盯着我，我的背上感觉像被刺了一般，这要比在学校里遇到来不及准备的临时考，而教师又偏偏站在身旁的时候，恐慌得多。对于灵魂的有无，我自己是向来不在意的，但是此刻，我该怎样回答她好呢？我在极短的思考的时间里，心想：这里的人都相信鬼，如今她却疑惑了，那么，为她考虑起见，不如说有吧，这样或许能带给她一点希望。

"也许有吧。"我于是吞吞吐吐地说。

"那么，也就有地狱了？"

"啊？地狱？"我很吃惊，"地狱？按道理，应该也有。但是也不一定……谁会管这样的事呢……。"

"那么，死了的家人，都能见面吗？"

"见面不见面呢？……"这时，我开始害怕起来，很想推翻先前的话，"那是……我也说不清楚……。其实，究竟有没有灵魂，我也说不清楚。"

我趁她不再接着问，急忙逃回了四叔的家中，心里很觉得不安。我自己在心里想：我的回答恐怕对她而言有危险。她大概是因为别人祝福的时候，感受到了自身的寂寞，或者是有了什么预感？如果她有别的意思，又因此发生别的事，那我的答话是有很大的责任的……。但随后我就自己笑话自己：这是偶然发生的事，本来就没有什么意义，而我偏要细细推敲，难怪教育家要说成是神经病了；何况，我明明说过"说不清楚"，已经推翻了答话的大部分，即使发生什么事，也跟我没有什么关系了。

"说不清楚"是一句非常有用的话。不懂事的少年，往往敢于给人解决疑问，选定医生，万一结果不好，反而被埋怨，但是用"说不清楚"作为结束语，便事事自在一些。我在这时，更感到这一句话的必要，即使和讨饭的女人说话，也是万万不能省的。

但是，我仍然觉得不安。过了一夜，也仍然时常回忆，心里仿佛有什么不好的预感。而且，在这阴沉的雪天里，无聊的书房里，这种不安更加强烈。不如走吧，明天进城去。福兴楼的清炖鱼翅，一元一大盘，物美价廉，现在不知道涨

本级词

游玩 | yóuwán
to play, to take a stroll

傍晚 | bàngwǎn
dusk, sunset

超纲词

但愿 | dànyuàn
if only

恰如所料 | qiàrúsuǒliào
as expected

假装 | jiǎzhuāng
to pretend

镇定 | zhèndìng
calm and collected

价了没有？以前一起游玩的朋友，虽然已经四处分散，然而鱼翅是不能不吃的，即使只有我一个……。无论如何，我明天决心要走了。

我因为常常遇到一些但愿不如所料，以为未毕真如所料，却每每恰如所料的事，所以很怕这件事也会如此。果然，傍晚的时候，我听到有人在屋里谈话，仿佛议论什么事似的，但不一会儿，说话声就停了，只有四叔边走边高声说：

"不早不晚，偏偏在这个时候，可见是一个谬种[1]！"

我先是诧异，接着又很不安，似乎这话与我有关系。我试着看向门外，一个人也没有。好不容易等到晚饭时工人来冲茶，才有了打听消息的机会。

"刚才，四老爷是在生谁的气呢？"我问。

"还不是和祥林嫂？"那工人说。

"祥林嫂？怎么了？"我又赶紧问。

"死了。"

"死了？"我的心突然紧张，人也几乎要跳起来，脸上大概也变了颜色。但他始终没有抬头，我也就假装镇定，接着问：

"什么时候死的？"

"什么时候？昨天夜里，或者就是今天吧。我说不清。"

"怎么死的？"

[1] 谬种：骂人的话，相当于坏东西、坏蛋。

68

"怎么死的？还不是穷死的？"他淡然地回答，仍然没有抬头看我，就出去了。

我的恐慌没有持续多久。因为觉得要发生的事，已经过去，而且我自己说过"说不清楚"，工人也说了她是"穷死的"，就不关我的事了。我的心里渐渐放松，只是偶尔有些歉疚。晚饭时，我想向四叔再打听一些祥林嫂的情况，但是知道他虽然不信鬼神，却忌讳极多，特别是临近祝福的时候，是万万不能提到死亡、疾病之类的话题的，如果非要提，应该用一种替代的隐语[1]，可惜我又不知道，因此好几次想问，都停住没问。而且我看到他严肃的脸色，也忽然怀疑：他会不会认为我也是一个谬种，不早不晚，也偏偏在这个时候来打扰他？想到这里，我立刻告诉他我明天要离开鲁镇，去城里，好让他放心。他没有再留我。就这样，沉闷地吃完了一顿饭。

冬季天短，又是雪天，所以很早天就黑了。人们都在灯下忙碌，窗外很寂静。我独自坐在灯下，心想：像祥林嫂这样无依无靠的人，活得有趣的人们大概会奇怪她为什么还活着，现在终于死了。死后有没有灵魂，我不知道，但是在现在的社会，这类人死了，讨厌他们的人就可以不用再见到他们，这样无论对别人还是对他们自己，都是一件好事。这样想以后，我心里渐渐舒畅起来。

然而，我所了解的她的半生的事迹，此刻也在我脑中连成一片了。

本级词

死亡 | sǐwáng
death

疾病 | jíbìng
illness, disease

超纲词

淡然 | dànrán
indifferently

歉疚 | qiànjiù
regretful

鬼神 | guǐshén
ghosts and gods

临近 | línjìn
to be close to

沉闷 | chénmèn
depressing, gloomy

无依无靠 | wúyī-wúkào
alone in the world

舒畅 | shūchàng
happy, entirely free from worry

[1] 隐语：不把要说的意思明说出来，而借用别的话（暗语）来表示。

逃避初到鲁镇

　　祥林嫂不是鲁镇人。有一年的初冬，四叔家里要换女工，做中介的卫老婆子带她来了，头上扎着白头绳，黑裙，蓝袄，月白背心，年纪大约二十六七，脸色青黄，但两颊却还是红的。卫老婆子叫她祥林嫂，说是自己娘家的邻居，死了丈夫，所以出来打工了。四叔皱了皱眉，四婶已经知道了他的意思，他是在讨厌祥林嫂是一个寡妇。但是祥林嫂手和脚都壮大，看起来也很像是一个吃苦耐劳的人，四婶便不管四叔的皱眉，把她留下了。试用期内，她整天做工作，似乎闲着就无聊，力气简直跟男人差不多，所以第三天就确定下来，每个月五百文工钱。

大家都叫她祥林嫂，没人问她姓什么，但卫老婆子是卫家山人，既然说她是邻居，那她大概也姓卫。她不太爱说话，别人问才回答，答的也不多。直到十几天之后，别人才陆续地知道她家里还有一个严厉的婆婆，一个十多岁的小叔子[1]。她是春天死了丈夫的，她丈夫比她小十岁，其他的就都不知道了。

日子过得很快，她的工作丝毫没有懈怠。人们都说鲁四老爷家里雇的女工比男人都勤快。到了年底，打扫卫生，宰杀鸡鹅，熬夜准备福礼，全是她一个人做，没有其他人帮忙。不过她自己却很满足，很高兴，嘴边渐渐有了笑容，脸上也变白变胖了。

新年刚过，她从河边淘米回来时，忽然惊慌失措，说她刚才远远地看见一个男人在对岸，很像她丈夫家的堂伯[2]，恐怕是为了找她而来的。四婶既惊讶又疑惑，她问祥林嫂是怎么回事，祥林嫂不说。四叔知道这件事后，又皱眉，并说道：

"这不好。恐怕她是逃出来的。"

她确实是逃出来的，没多久，这个猜测就被证实了。

这之后，大约又过了十几天，大家已经渐渐忘记了先前的事，卫老婆子忽然带了一个三十多岁的女人来，说她是祥林嫂的婆婆。那个女人虽然是山里人的模样，但是应酬交际很从容，寒暄之后，就赔罪道歉，说她是特地来叫她的儿媳[3]回家去的，因为春天事情多，家中只有老的和小的，

[1] 小叔子：丈夫的弟弟。
[2] 堂伯：祖父的亲兄弟的儿子中比父亲年龄大的。
[3] 儿媳：儿子的妻子，也称为"儿媳妇儿"。

本级词

笑容 | xiàoróng
smile

道歉 | dàoqiàn
to apologize

特地 | tèdì
particularly, specially

超纲词

丝毫 | sīháo
the slightest (amount or degree)

懈怠 | xièdài
to slack off

雇 | gù
to employ, to hire

勤快 | qínkuài
hardworking

淘 | táo
to wash or rinse in a basket or pan

惊慌失措 | jīnghuāng-shīcuò
to be panic-stricken

应酬 | yìngchou
to engage in social activities

从容 | cóngróng
calm, leisurely

人手不够了。

"既然是她的婆婆让她回去，能有什么话可说呢！"四叔说。

于是算清了工钱，一共一千七百五十文，她一文也还没有花，就都被交给了她的婆婆。那个女人又取了衣服，道谢，然后出去了。那时已经是正午。

"啊呀，米呢？祥林嫂不是去淘米了吗？……"好大一会儿，四婶才惊叫起来。她大概是有些饿了，记得午饭了。

于是大家分头去找淘米的箩筐，找了很久，家里都找遍了，也没找到。四叔出门去找，一直找到河边，才看见那淘箩正平平整整地放在岸上，旁边还有一株菜。

看见的人来报告说，河里上午就停了一只白篷船，但当时没有人去注意它。直到祥林嫂出来淘米，刚刚弯腰下去，那船里突然跳出来两个男人，像是山里人，一个抱住她，另一个帮忙，把祥林嫂拖进船里去了。祥林嫂哭喊了几声，就再也没有声音了，大概是被什么东西堵住了嘴。接着走上来两个女人，一个不认识，另一个就是卫老婆子。船里面的情况看不清楚，只看到祥林嫂好像是被捆着放在船板上。

"可恶！然而……。"四叔说。

这一天是四婶自己煮中午饭，他们的儿子阿生烧火。

午饭之后，卫老婆子又来了。

"可恶！"四叔说。

"你是什么意思？还有脸再来见我们！"四婶正洗碗，一见面就生气地说："你自己介绍她来，又跟人一起把她劫走，闹得沸反盈天的，大家看了像什么样子？你拿我们家开玩笑吗？"

超纲词

人手 | rénshǒu
manpower

箩筐 | luókuāng
a large bamboo or wicker basket

烧火 | shāohuǒ
to light a fire

沸反盈天 | fèifǎn-yíngtiān
noisy, boisterous

72

"啊呀，我也是上当了！我现在就是特地为说清楚这件事而来的。她来求我帮忙找工作，我哪里知道她瞒着她婆婆呢。对不起，四老爷，四太太，确实是我对不起您，幸亏您是向来宽宏大量，不和小人[1]计较的。下次我一定介绍一个好的来折罪……。"

"然而……。"四叔说。

于是，祥林嫂事件就这样结束了，不久人们也就忘记了。

本级词

上当 | shàngdàng
to be fooled, to be tricked

超纲词

瞒 | mán
to hide the truth from

宽宏大量 | kuānhóng-dàliàng
broad-minded, magnanimous

计较 | jìjiào
to bother about, to haggle over

折罪 | zhézuì
to atone for one's crime

[1] 小人：古代指地位低的人，也用作自己的谦称。

被逼卖到贺家

只有四婶还时常提起祥林嫂，因为后来的女工，不是懒就是馋，也有的又懒又馋，四婶都不满意。她常常自言自语地说："她现在不知道怎么样了？"意思是希望祥林嫂再来工作。但是到了第二年的正月，她也就不再抱希望了。

正月快过完了，卫老婆子来拜年，她说因为回了一趟卫家山的娘家，住了几天，所以来晚了。她们问答之间，自然就提到祥林嫂。

卫老婆子高兴地说："祥林嫂真是交好运了。她婆婆来抓她回去的时候，她已被许配给了贺家坳的贺老六，所以她回家之后，很快就被装在花轿里抬去贺家了。"

"啊呀，这样的婆婆！……"四婶惊讶地说。

"啊呀，我的太太！您这真是大户人家的太太说的话。我们山里人，小户人家，这算得了什么呢？她有小叔子，也得娶老婆。不把她嫁出去，哪里有钱做彩礼[1]呢？如果嫁给同村的人，彩礼钱很少。只有嫁到偏僻的大山里，彩礼才会多一些，所以她的婆婆就把她嫁到山坳里去了，得了不少彩礼钱。现在，她的小叔子也因此娶了老婆，除了彩礼和办喜事的费用，还剩下很多钱……"

"祥林嫂肯答应？……"

"太太，这有什么答不答应的。即使不答应，只要捆起来，塞进花轿里，抬到男方家拜堂[2]，再关上房门，事就成

---

[1] 彩礼：定亲时男方给女方送的钱财礼物。
[2] 拜堂：旧式婚礼，新郎新娘结婚当天一起拜天地、拜父母双亲、夫妻对拜，也叫拜天地。

74

了。听说祥林嫂闹得特别厉害，大家还都说大概是因为她在读书人家里做过事，所以与众不同呢。太太，我们见过很多的，这样的女人出嫁，哭喊的也有，寻死的也有，抬到男方家闹得无法拜天地的也有。祥林嫂尤其不同，听说她路上一直哭喊，骂人，抬到贺家坳时，已经说不出话来了。两个男人和她的小叔子使劲抓着她也拜不成天地。她还趁他们没注意，一头撞在了桌角上，头上撞了一个大洞，鲜血直流，好不容易才止住血。直到很多人七手八脚地把她和男人锁在房里，她还是骂，啊呀，她真是……。"卫老婆子摇摇头，又低下头，不说了。

"后来怎么样了呢？"四婶还问。

"听说第二天也没有起来。"她抬起头来说。

"后来呢？"

"后来起来了。到年底生了一个男孩儿，再到过年就两岁了。我在娘家这几天，有人到贺家坳去，回来说看见他们娘儿俩，母亲也胖，儿子也胖。她没有婆婆，她男人有的是力气，会做活，能工作，房子也是自家的。她真是交好运了。"

从此之后，四婶也就不再提起祥林嫂。

超纲词

与众不同 | yǔzhòng-bùtóng
to stand out, to be out of the ordinary

一头 | yìtóu
suddenly, headlong

鲜血 | xiānxuè
blood

七手八脚 | qīshǒu-bājiǎo
hurriedly, in a bustle

再寡再到鲁镇

但有一年秋天，大约是祥林嫂"交好运"之后的两年，她又出现在了四叔家里。仍然是头上扎着白头绳，身上穿着黑裙、蓝袄、月白背心，低着头，但脸上已经没有了血色，眼角也带着泪痕，眼神也没有先前精神了。仍然是卫老婆子带着，显出慈悲的模样。

卫老婆子对四婶说："……这实在是'天有不测风云'[1]，她的男人本来身体健壮，谁能想到年纪轻轻就病死了。幸亏她还有儿子，自己也能做工，打柴、摘茶、养蚕都干得了，本来还可以两个人守着过日子，谁知道那孩子又被狼给吃了……春天快过完了，村里反而来了狼，谁能想到？现在只剩下她自己一个人了。她真的是走投无路了，只好又来求您。好在她现在再也没有什么牵挂，太太家里又正好要换人，所以我就带她来了。我想，熟门熟路，总比没做过的人好得多……。"

"我真傻，真的……"，祥林嫂抬起她那没有精神的眼睛来，继续说："我只知道下雪的时候野兽在山坳里没有食物吃，会到村里来，我不知道春天也会有。我清晨开门，盛了一小篮豆子，叫我的阿毛坐在门槛上剥豆。他是很听话的，我的每句话他都听，他于是就出去剥豆了。我就在屋后劈柴、淘米，米下了锅，要蒸豆，我叫阿毛，没有回应，出去一看，豆散了一地，我们的阿毛不见了。他平常是不去别人家玩的，我到处去问，都没有人见到我的阿毛。我急了，

---

[1] 天有不测风云：比喻灾祸是无法预料的。

求人出去找。一直找到山坳里，看见柴上挂着一只他的小鞋，大家都说'糟了，怕是遇到狼了'。进去一看，他果然躺在草丛里，肚子已经被吃空了，手上还紧紧握着那只小篮子……。"她呜咽着，说不出话来了。

四婶开始还犹豫，听完她的话，眼圈也有些红了。她想了想，还是把她留下了。卫老婆子松了一口气。祥林嫂也没等人指引，自己熟练地放好了东西。她从此又在鲁镇做女工了。

大家仍然叫她祥林嫂。

但是这一次，她的境遇却变化很大。她开始工作后的两三天，四婶一家就觉得她的手脚已不如以前灵活，记忆力也差了很多，脸上整日没有笑容。从四婶的口气上，已感觉出

本级词

灵活 | línghuó
flexible, agile

超纲词

呜咽 | wūyè
to sob, to whimper

指引 | zhǐyǐn
to point (the way), to guide

境遇 | jìngyù
circumstance, situation

口气 | kǒuqì
tone/manner of speaking

超纲词

告诫 | gàojiè
to warn, to admonish

祭祀 | jìsì
to offer sacrifices to gods or
ancestors

不干不净 | bùgān-bújìng
unclean

祖宗 | zǔzong
ancestor, forefather

讪讪 | shànshàn
embarrassedly, shamefacedly

理会 | lǐhuì
to pay attention to

对她的不满。四叔也照例皱眉，但是考虑到雇女工困难，没有太反对，但是他告诫四婶，祥林嫂这种人虽然很可怜，但是破坏风俗，用她帮忙可以，祭祀的时候可不能用她，一切饭菜，只能自己做，否则，不干不净，祖宗是不吃的。

四叔家里最重大的事件就是祭祀，祥林嫂以前最忙的时候也是祭祀，但是这次她却很闲。桌子放在屋中央，系上桌围，她照旧去分配酒杯和筷子。

"祥林嫂，你放着吧！我来摆。"四婶慌忙说。

她讪讪地缩了手，又去取烛台。

"祥林嫂，你放着吧！我来拿。"四婶又慌忙说。

她转了几个圈，最终也没有事情做，只好疑惑地走开了。她在这一天可做的事只是坐在灶下烧火。

镇上的人们也仍然叫她祥林嫂，但音调和以前也很不同。也都还和她讲话，但笑容却冷冷的了。她不理会这些，只是直着眼睛，和大家讲她日夜忘不了的故事：

"我真傻，真的，"她说，"我只知道下雪的时候野兽在山坳里没有食物吃，会到村里来，我不知道春天也会有。我清晨开门，盛了一小篮豆子，叫我的阿毛坐在门槛上剥豆。他是很听话的，我的每句话他都听，他于是就出去剥豆了。我就在屋后劈柴、淘米，米下了锅，要蒸豆，我叫阿毛，没有回应，出去一看，豆散了一地，我们的阿毛不见了。他平常是不去别人家玩的，我到处去问，都没有见到我的阿毛。我急了，求人出去找。一直找到山坳里，看见柴上挂着一只他的小鞋，大家都说'糟了，怕是遇到狼了'。进去一看，他果然躺在草丛里，肚子已经被吃空了，手上还紧紧握着那只小篮子……。"她流下眼泪来，声音也呜咽了。

男人们听到这里，往往会收起笑容走开。女人们会陪出许多眼泪来，有些老女人没有在街头听到她的话，还特地来找她，听她讲这一段悲惨的故事。直到她说到呜咽，她们也就一起都流下那停在眼角上的眼泪，叹息一番，满足地走了，一边还纷纷评论着。

她反复跟人说她悲惨的故事，刚开始大家都还有兴趣听，但不久，即使是最慈悲的念佛的老太太们，眼里也不再有泪痕。后来，全镇的人几乎都能背诵她的话，一听到就厌烦得头痛。

"我真傻，真的，"她开始说。

"是的，你只知道雪天野兽在深山里没有食物吃，才会到村里来。"他们立即打断她的话，走开了。

她张着口，怔怔地站着，直着眼睛看他们，接着也就走了，似乎自己也觉得没趣。但她仍然希望从别的事，比如小篮子、豆子、别人的孩子等事情上，引出她的阿毛的故事来。一旦看见两三岁的小孩子，她就会说：

"我们的阿毛如果还在，也有这么大了……。"

孩子看到她的眼光，既吃惊，又害怕，牵着母亲的衣服催着赶快走。于是又只剩下她一个，最终也没趣地走了。后来大家都知道了她的脾气，只要有孩子在眼前，便都似笑非笑地先问她：

"祥林嫂，你们的阿毛如果还在，是不是也有这么大了？"

她未必知道她的悲哀经过大家咀嚼了许多天，早已成为别人厌烦和唾弃的对象。但从人们的笑容上，她仿佛也能觉得又冷又尖，自己再也没有说话的必要了。

本级词

尖 | jiān
sharp, pointed, shrill

超纲词

背诵 | bèisòng
to recite

怔怔 | zhèngzhèng
in a daze

唾弃 | tuòqì
to spurn, to disdain and reject

超纲词

腊月 | làyuè
the twelfth month of the lunar
year, the twelfth moon

含糊 | hánhu
ambiguous, vague

依 | yī
to comply with, to yield to

核桃 | hétao
walnut

合算 | hésuàn
worthwhile

锯 | jù
to cut with a saw

恐怖 | kǒngbù
horrid, dreadful

鲁镇的新年，腊月二十以后就忙起来了。四叔家里这次又雇了一个男工，但也还是忙不过来，所以另外叫了柳妈帮忙。祥林嫂除了烧火之外，没有别的事，只是坐着看柳妈洗器皿。天空开始下起了微雪。

"唉，我真傻，"祥林嫂看了看天空，自言自语地说。

"祥林嫂，你又开始了……"柳妈不耐烦地看着她的脸说："我问你，你额头上的伤疤，是不是那时候撞的？"

"唔唔。"她含糊地回答。

"我问你，你那时为什么依了呢？"

"我吗？……"

"你呀，我想，这肯定你自己愿意的，不然……。"

"啊呀，你不知道他力气多么大！"

"我不信。你这么大的力气，你后来一定是自己愿意了，反而说是他力气大。"

"啊呀，你……你自己试试看。"她笑了。

柳妈的脸笑起来像一个核桃，她的小眼睛看了一眼祥林嫂的额头，又盯她的眼睛看。祥林嫂立刻收起了笑容，转移开目光，去看雪花了。

"祥林嫂，你实在不合算。"柳妈神秘地说。"你应该再坚决一些，或者干脆撞死，就好了。现在，你和你第二个男人生活了不到两年，却有了一个大罪名。你将来死后，那两个男人还要争你，你给谁好呢？只能被锯开，分给他们。这真是……。"

祥林嫂的脸上立刻显出恐怖的神情来，这是她在大山里没有听说过的。

"我想，你不如到土地庙捐一条门槛[1]，作为你的替身，给千人踏，万人跨，赎了这一世的罪名，免得死了受苦。"

祥林嫂当时并没有说话，但她第二天早上起来的时候，两只眼睛上都围着大黑圈。早饭之后，她便到镇西头的土地庙里去求捐门槛。庙祝[2]坚决不同意，直到她急哭了，才允许她花钱买一条门槛来捐。

因为阿毛的故事被大家厌弃，祥林嫂已经很久没和人交谈了。但自从和柳妈聊天儿后，似乎许多人又发生了新兴趣，又来找她说话了。至于话题，自然是她额头上的伤疤。

"祥林嫂，我问你，你那时怎么就愿意了呢？"一个人说。

"唉，可惜，白撞了这一下。"另一个人看着她的疤，附和说。

祥林嫂从他们的笑容和声调上，大概也知道是在嘲笑她，所以总是瞪着眼睛，不说话，后来连头也不回了。她整日扫地，洗菜，淘米……工作了快一年时，才从四婶手里取到了工钱，请假去了镇的西头。但不到一顿饭的时间，她就回来了，神情很舒畅，眼光也格外有神，她高兴地对四婶说自己已经在土地庙捐了门槛了。

冬至祭祖时，她做得更卖力，看到四婶装好祭品，和阿生把桌子抬到屋中央，她便很坦然地去拿酒杯和筷子。

"你放着吧，祥林嫂！"四婶慌忙大声说。

***

[1] 捐门槛：封建迷信中门槛代表自己或者自己所犯下的罪过，捐门槛就是到庙里举办一些仪式类的活动，把象征罪孽的门槛烧掉、埋掉或者直接给庙里，这样捐门槛的人心理上就感觉自己的罪过减轻了。

[2] 庙祝：旧时庙宇中管理香火的人。

本级词

捐 | juān
to contribute, to donate

踏 | tà
to step on, to tread

免得 | miǎnde
so as not to, so as to avoid

超纲词

替身 | tìshēn
substitute, stand-in

赎 | shú
to atone for

受苦 | shòukǔ
to suffer hardships

交谈 | jiāotán
to talk with each other

瞪 | dèng
to stare, to glare

卖力 | màilì
hardworking

坦然 | tǎnrán
calm, unperturbed

81

本级词

打发 | dǎfa
to dismiss, to send away

超纲词

胆怯 | dǎnqiè
timid, fearful

惊醒 | jīngxǐng
to wake up with a start

隐约 | yǐnyuē
faintly, indistinctly

疑虑 | yílù
misgiving, doubt

一扫而空 | yìsǎoérkōng
to sweep away

蹒跚 | pánshān
to walk haltingly

她赶紧缩了手，脸色同时变作灰黑，也不再去取烛台，只是呆呆地站着。直到四叔上香的时候，叫她走开，她才走开。这一次，她的变化非常大，变得很胆怯，不仅怕暗夜，怕黑影，即使看见人，虽然是自己的主人，也总是惴惴不安的。不到半年，她的头发花白了，记忆力也更差了，甚至常常忘记了去淘米。

"祥林嫂怎么这样了？还不如那时候不留下她。"四婶有时在她面前也这样说，似乎是警告她。

然而她总是如此，而且丝毫没有变好的可能。他们于是想打发她走，叫她回到卫老婆子那里去。但我还在鲁镇的时候，只是这样说，看现在的情况，可见后来是实行了。然而，她是从四叔家出去就成了乞丐的呢，还是先到卫老婆子那里，然后再成乞丐的呢？我不知道。

鲁镇正在祝福

我被近处的爆竹声惊醒，看见豆子一般大小的黄色的灯火光，接着又听到阵阵鞭炮声，是四叔家正在"祝福"。我知道天快亮了。我在朦胧中，又隐约听到远处接连不断的爆竹声，夹着飞舞的雪花，拥抱着全市镇。我仿佛被拥抱在这繁密的响声中，懒散而且舒适，从白天到初夜的疑虑，也被祝福的空气一扫而空了，只觉得祖先圣人都享用了福礼，都醉醺醺地在空中蹒跚，准备给鲁镇的人们以无限的幸福。

一九二四年二月七日

一、根据文章判断正误。

（　　　）1. "我"对祥林嫂的死早有预感，所以"心突然紧缩"。

（　　　）2. 鲁四老爷很同情祥林嫂。

（　　　）3. 祥林嫂初来鲁镇时不爱说话，后来不断重复同样的话。

（　　　）4. 祥林嫂的两个丈夫都死了。

（　　　）5. 鲁镇的人都很关心祥林嫂的命运。

二、根据文章填空。

1. 杀鸡，杀鹅，买猪肉，用心地洗。煮熟之后，在这类东西上＿＿＿＿＿＿＿＿
地插上一些筷子，就可以称为"福礼"了。

2. 日子过得很快，她的工作＿＿＿＿＿＿＿＿没有＿＿＿＿＿＿＿＿。人们都
说鲁四老爷家里雇的女工比男人都＿＿＿＿＿＿＿＿。

3. 听说祥林嫂闹得特别厉害，大家还都说大概是因为她在读书人家里做过事，
所以＿＿＿＿＿＿＿＿呢。

4. 她未必知道她的＿＿＿＿＿＿＿＿经过大家咀嚼了许多天，早已成为别人
＿＿＿＿＿＿＿＿和＿＿＿＿＿＿＿＿的对象。

5. 我仿佛被拥抱在这繁密的响声中，懒散而且舒适，从白天到初夜的
＿＿＿＿＿＿＿＿，也被祝福的空气＿＿＿＿＿＿＿＿了，只觉得祖先圣人都享用了
福礼，都醉醺醺地在空中＿＿＿＿＿＿＿＿，准备给鲁镇的人们以无限的幸福。

三、根据文章回答问题。

1. 你认为祥林嫂的死与谁有关？为什么？

2. 小说讲的是祥林嫂的故事，为什么题目不叫《祥林嫂》而叫《祝福》呢？请
谈谈你的看法。

高老夫子

超纲词

教科书 | jiàokēshū
textbook

桑葚 | sāngshèn
mulberry fruit

眉毛 | méimao
eyebrow

高老夫子[1]

这一天，从早晨到午后，他的时间全用在了照镜子，看《中国历史教科书》和查《袁了凡纲鉴》[2]上。真是"人生识字忧患始"[3]，他顿时觉得世事对他很不公平，而且这不平之感，是他之前从没有体会到的。

他首先想到的是他的父母实在是没把儿女放在心里。他还是孩子的时候，最喜欢爬树偷桑葚吃，可父母不仅不管他，而且有一次他从树上掉下来，摔破了头，他们也没有给他好好治疗，导致他左边的眉毛里至今还有一个疤痕。这个缺点如果被女学生发现，估计是免不了要被看不起的。他于

[1] 夫子是旧时对老师的敬称，后用于称呼读古书而思想陈腐的人（含讥讽意）。

[2] 《袁了凡纲鉴》即《了凡纲鉴》，明代袁黄采录朱熹《通鉴纲目》编纂而成，共四十卷，清末坊间有刻本流行。袁黄，字坤仪，号了凡，江苏吴江人，明万历年间进士。

[3] 意思是人一生的忧愁苦难是从识字开始的。一个人识字以后，通过阅读增长了见识，对周围事物就不会无动于衷。

是放下镜子，怨恨地叹了口气。

其次是《中国历史教科书》的编者太不为教师考虑。这本书虽然和《了凡纲鉴》有些地方相同，但又有很多不同，令人不知道该怎样把两者讲到一处。直到他瞥见夹在教科书里的纸条，他又怨起前面辞职的历史教师来，因为那纸条上面写着：

"从第八章《东晋之兴亡》讲起。"

可问题是，他最熟悉的并不是东晋的历史，而是三国的历史。如果那位教师没把三国的事情讲完，他就可以给学生们讲讲桃园三结义、孔明借箭、三气周瑜、黄忠定军山斩夏侯渊等等，他满脑子都是这些，一个学期也讲不完。可如今，却偏偏要从他不擅长的东晋开始讲。他又怨恨地叹了口气。

本级词

箭 | jiàn
arrow

超纲词

怨恨 | yuànhèn
to resent

擅长 | shàncháng
to be good at

本级词

打牌 | dǎpái
to play mahjong or cards

中华 | Zhōnghuá
China

聘请 | pìnqǐng
to employ

超纲词

拨 | bō
to turn around

脍炙人口 | kuàizhì-rénkǒu
universally appreciated

贤良 | xiánliáng
virtuous

一无所长 | yìwú-suǒcháng
with no special skill

一本正经 | yìběn-zhèngjīng
in a serious manner

备课 | bèikè
to prepare a lesson

"你怎么在外面看看还不够，还要钻到里面去看？"

一只手同时从他背后弯过来，拨了一下他的下巴。但他没有动，因为从声音和举动上他就知道，悄悄进来的是他的牌友黄三。黄三虽然是他的老朋友，而且一周以前还一起打牌，看戏，喝酒等，但自从他在《大中日报》上发表《论中华国民皆有整理国史之义务》这样一篇脍炙人口的文章，又收到贤良女学校的聘请书后，他开始觉得黄三一无所长，甚至有些下等人的模样了。所以他并没有回答，只一本正经地说道：

"不要胡说！我正在备课……。"

"你不是自己对老钵（Lǎo Bō）说要找一个教师的工作，去看看女学生吗？"

"你不要相信老钵的话！"

黄三就坐在他的桌子旁，他向桌面上瞥了一眼，立刻在一面镜子和一堆书之间，发现了一个红色邀请函。他一把抓起来，瞪着眼睛，一字一字地读起来：

> **今敦请**
>
> 尔础高老夫子为本校历史教师
>
> 每周授课四小时
>
> 每小时敬送修金大洋三角正
>
> 按时间计算此约
>
> 贤良女学校校长何万淑贞敛衽谨订
>
> 中华民国十三年夏历菊月吉旦　立

"'尔础高老夫子'？谁呀？你吗？你改名字了吗？"黄三赶忙问他。

但高老夫子只是高傲地一笑：他的确改名字了，但是在他看来，黄三只会打牌，并不关心新学问，更不知道俄国有个大文豪叫高尔基[1]，所以根本无法跟他讲清楚改名字的深意。所以他只是高傲地一笑，并不答复他。

"喂，你不要做这些无聊的事情了！"黄三放下聘书，说道："我们这里已经有一个男学堂，风气已经闹得够坏了；他们还要开女学堂，真不知道将来要闹成什么样子。你何必也去……。"

"这不一定。况且何太太一定要请我……。"因为黄三诽谤了学校，而且这时他的手表已经两点半了，距离上课时间只有半小时了，所以他有些气愤，显出焦躁的神情。

"好！这个先不谈。"黄三是聪明的，马上转换话题说："我们说正经事吧，今天晚上我们有一个牌局。毛家屯毛资甫的大儿子来咱们这里了，他是来请阳宅先生[2]的，带了不少现钱。我们已经约好，晚上一起打牌，我，你，还有老钵。你一定要来啊，千万不要耽误事。我们仨赢光他的钱！"

高老夫子不说话。

"你一定要来哦！我还得去和老钵商量一下。打牌的地点还是在我家。那个傻小子是'初出茅庐'，我们肯定可以赢光他！你把咱们常用的牌给我吧！"

高老夫子慢慢地站起来，到床头取了麻将牌盒，交给

[1] 高尔基 (1868–1936)：原名阿列克赛·马克西莫维奇·彼什科夫，苏联无产阶级作家。著有自传体三部曲《童年》《在人间》《我的大学》等。
[2] 俗称风水先生。他们称活着的人的住宅为"阳宅"，称去世的人的墓地为"阴宅"。

超纲词

高傲 | gāo'ào
arrogant, snobbish

文豪 | wénháo
literary giant, eminent writer

风气 | fēngqì
general mood, atmosphere

何必 | hébì
there is no need…

诽谤 | fěibàng
to slander, to libel

气愤 | qìfèn
angry, indignant

焦躁 | jiāozào
impatient, anxious

耽误 | dānwu
to delay

初出茅庐 | chūchū-máolú
young and inexperienced

超纲词

大名鼎鼎 | dàmíng-dǐngdǐng
renowned, famous

久仰 | jiǔyǎng
to have been looking forward to
meeting somebody

拱手 | gǒngshǒu
to show respect by cupping one's
own hands before the chest

相差 | xiāngchà
to differ

国粹 | guócuì
national essence, quintessence of
a nation

要言不烦 | yàoyán-bùfán
brief and to the point

座右铭 | zuòyòumíng
motto, maxim

他。一看手表，已经两点四十分了。他心想：黄三虽然能干，但明知道我已经做了教师，还当着我的面诽谤学校，又打扰我备课，真是不应该。他于是冷冷地说道：

"晚上再商量吧。我要去上课了。"

他一边说，一边恨恨地看了一眼《了凡纲鉴》，拿起教科书，装在新皮包里，又很小心地戴上新帽子，就和黄三一起出门了。他刚一出门，就放开脚步，没多久，黄三连他的影子也看不见了。

高老夫子到了贤良女学校。何校长不在学校，接待他的是花白胡子的教务长，大名鼎鼎的万瑶圃，他最近正陆续把他和女仙赠答的诗《仙坛酬唱集》登在《大中日报》上。

"啊呀！础翁！久仰久仰！……"万瑶圃连连拱手，仿佛要蹲下去似的。

"啊呀！瑶翁！久仰久仰！……"础翁夹着皮包照样地做，并且说。

他们坐下后，一个似死非死的工人端上来两杯白开水。高老夫子看了看对面墙上的钟表，才两点四十分，和他的手表相差半小时。

"啊呀！础翁的大作，是的，那个……。是的，那——'中国国粹义务论'，真是要言不烦，百读不厌！实在是青少年的座右铭，座右铭座右铭！兄弟我也非常喜欢文学，可是，我只是玩玩罢了，怎么比得上础翁。"他再次拱手，低声说："我们的 盛德 乩坛[1]天天请仙，兄弟也常常去唱

---

[1] 乩坛，扶乩的场所。扶乩是一种迷信活动，由二人扶一丁字形木架，使下垂一端在沙盘上画出字句来作为神的指示。

和。础翁闲暇时也可以光顾光顾。那乩仙，就是蕊珠仙子，从她的语气上看，似乎是一位花神。她最爱和名人唱和，也很赞成新党，像础翁这样的学者，她一定会高度赞赏的。哈哈哈哈！"

但高老夫子此时的心思却不在这上面，因为他的课——东晋之兴亡——本来就备得不十分充分，此刻更有几分忘却了。他正焦躁着，繁乱的心情中又涌现出许多片断来：上课的姿态应该威严；额头的疤痕应该遮住；教科书要读得慢一些；看学生时要大方。同时，他也还模模糊糊听得见瑶圃说的话：

"那邓孝翁叩求了五回，才赐了一首五言诗……蕊珠仙子说……础翁还是第一回……这就是学校的植物园！"

"哦哦！"尔础忽然看见他举着的手，才顺着他指的方向看去。窗外是一小片空地，地上有四五棵树，正对面是三间小平房。

"这就是教室。"瑶圃说。

"哦哦！"

"学生们是很温顺善良的……"

"哦哦！"尔础实在有些着急了，他希望瑶圃不要再说话，好让自己能聚精会神，赶紧想一想东晋之兴亡。

"她们也有人想学做诗，但那毕竟不是大家闺秀应该做的事情。蕊珠仙子也不赞成女学，兄弟我还跟她讨论过好几次……。"

尔础忽然跳了起来，他听到了铃声。

"不，不。请坐！那是下课铃。"

"瑶翁公事很忙吧？可以不必客气……。"

超纲词

光顾 | guānggù
to patronize, to pay a visit

语气 | yǔqì
tone, manner of speaking

赐 | cì
to bestow, to grant

顺着 | shùnzhe
along

空地 | kòngdì
open space

聚精会神 | jùjīng-huìshén
to be absorbed

大家闺秀 | dàjiā-guīxiù
a girl from an eminent family

公事 | gōngshì
public affairs, official business

91

"不，不！不忙，不忙！兄弟认为振兴女学是顺应世界潮流的，只要得人心，不偏不倚，防微杜渐，是决无弊端的。础翁，您觉得是不是？"

工人又送来两杯白开水，铃声又响了。

瑶圃请尔础喝水后，才慢慢站起来，引导他走到教室去。

尔础笔直地站在讲台旁边，心跳得厉害，只看见半屋子都是蓬松的头发。瑶圃从大衣口袋里掏出一张信纸，一边看，一边对学生们说：

"这位就是高老师，高尔础高老师，是有名的学者，那一篇有名的《论中华国民皆有整理国史之义务》，是所有人都知道的。《大中日报》上还说过，高老师仰慕俄国文豪高君尔基的为人，所以改名为尔础。今有此人，诚中华文坛之

92

幸！现在经过<u>何校长</u>再三敦请，惠然肯来[1]，到这里来教历史……"

<u>高老师</u>忽然觉得很寂静，原来<u>瑶翁</u>早已不见了身影，只剩下他自己还站在讲台旁边。他只能跨上讲台去，定了定神，又记起态度应该威严的打算，然后慢慢地翻开书本，开始讲起"<u>东晋之兴亡</u>"。

"嘻嘻！"似乎有人在偷笑。

<u>高老夫子</u>脸上顿时一热，忙看书本，他的话并没有错，上面写着的的确是"<u>东晋之偏安</u>"[2]。书对面，也还是半屋子蓬松的头发，没有别的声音。他猜测这是自己的疑心，其实谁也没有笑，于是又定了定神，看着书本，慢慢地讲下去。之前，他自己的耳朵还能听到自己的嘴说了什么，现在却逐渐模糊起来，以至于自己都不知道自己说了什么，等到讲"<u>石勒</u>之雄图"的时候，就只听得到"嗤嗤"的偷笑声了。

他<u>不禁</u>向讲台下看了看，情形已和原先很不相同：半屋子都是眼睛，还有许多小巧的等边三角形，三角形中都生着两个鼻孔，这些连成一气，仿佛是流动的海，正冲着他的眼光。但当他瞥见时，却又骤然一闪，变成了半屋子蓬蓬松松的头发了。

他连忙收回眼光，再也不敢离开教科书，<u>不得已</u>时，抬起头来看房顶。房顶是白而转黄的洋灰，中央有一条正圆形的<u>棱线</u>。可是这圆圈此刻也变得忽大忽小，令他的眼睛有些<u>昏花</u>。他预感到，如果目光下移，免不了又会遇见那可怕的

[1] 表示欢迎客人光临的言词。
[2] 封建王朝失去中原地区而偏处于部分领土，称为"偏安"。

超纲词

敦请 | dūnqǐng
to earnestly invite

不得已 | bùdéyǐ
to be forced to

棱线 | léngxiàn
ridge

昏花 | hūnhuā
dim-sighted

超纲词

讲义 | jiǎngyì
lecture notes

断断续续 | duànduànxùxù
intermittent

眼睛和鼻孔连成的海，他只好再回到书本上，这时已经讲到"淝水之战"[1]，苻坚快要吓得"草木皆兵"了。

他总感觉有许多人在暗暗发笑，但还是坚持讲，明明已经讲了大半天，而铃声却还没有响，看手表是不行的，怕被学生看不起。可是讲了一会儿，又到"拓跋氏之勃兴"[2]了，接着就是"六国兴亡表"，他本以为今天不一定能讲到，没有预备到。

他自己觉得讲义忽然中断了。

"今天是第一天，先这样吧……。"他恐慌了一会儿之后，才断断续续地说，一边点头，一边跨下讲台，逃出了教室。

"嘻嘻嘻！"

他似乎听到背后有许多人笑，又仿佛看见这笑声从那深邃的鼻孔的海里出来。他逃也似的跨进植物园，向对面的教师备课室大步走去了。

他大吃一惊，以至于连《中国历史教科书》也不小心掉在了地上，因为头上突然被什么东西一击，他倒退了两步，仔细看时，是一枝歪斜的树枝，树叶已被他的头撞得微微发抖。他赶紧弯腰去捡书本，只见书旁边有一块木牌，上面写道：

桑

桑 科

---

[1] "淝水之战"指公元 383 年，东晋军队在安徽淝水以八万兵力大败前秦苻坚号称近百万大军的战役。据《晋书·苻坚载记》，在交战中苻坚登城远望，把八公山上的草木都错看成是晋军。成语"草木皆兵"由此而来。

[2] 拓跋氏是古代鲜卑族的一支。公元 386 年拓跋珪自立为魏王，后日益强大，占据黄河以北各地。公元 398 年，拓跋珪建都平城（今山西大同），称帝，改年号，史称"北魏"。

94

他似乎又听到背后有许多人笑，又仿佛看见这笑声就是从那深邃的鼻孔的海里出来的。于是他也就不好意思去摸头上那已经开始痛起来的皮肤，只想着赶快走。

终于回到了备课室，那两个装着白开水的杯子依旧，但工人和瑶翁却早已不见。一切都黯淡下来，只有他的新皮包和新帽子在黯淡中发亮。这让他又感到无比清冷。以至于他回到自家后很久，全身仍时不时地感到骤然一热，无缘无故地愤怒。

学堂确实会坏风气，不如关停好，尤其是女学堂，有什么意思呢？喜欢虚荣罢了！他最终也这样觉得了。

"嘻嘻！"

他又听到了隐隐约约的笑声。这使他更加愤怒，也使他更加坚定了辞职的决心。他晚上就要给何校长写信，说自己得了脚疾。但是，如果被挽留怎么办呢？——也不去。女学堂真不知道会闹成什么样子，何苦去与她们为伍[1]呢？没那个必要。他想。

于是，他决绝地搬开了《了凡纲鉴》，镜子也推在一旁，聘书也合上了。他正要坐下，又觉得那聘书红得可恶，于是他一把抓过来聘书，和《中国历史教科书》一起塞进了抽屉里。

桌子上只剩下了一面镜子了，但是他仍然不舒适，仿佛丢了半个灵魂一样。他立刻省悟过来，于是戴上秋帽，急匆匆去黄三家了。

---

[1] 意为跟某人在一起，做伙伴，常用作贬义。例如"不屑与之为伍！""羞与之为伍"等等，意思是把跟某人在一起看成是羞耻的事情。

超纲词

无缘无故 | wúyuán-wúgù
without cause or reason

虚荣 | xūróng
vanity

挽留 | wǎnliú
to persuade somebody to stay

何苦 | hékǔ
why bother

抽屉 | chōuti
drawer

"来啦，尔础 高老夫子！"老钵大声说。

"狗屁！"他眉头一皱，在老钵的头顶上打了一下，说。

"教过了吧？怎么样，有没有几个出色的？"黄三热心地问。

"我没有再教下去的意思。女学堂真不知道要闹成什么样子。我辈正经人，确实没必要与她们为伍……。"

毛家的大儿子进来了，胖得像个汤圆。

"啊呀！久仰久仰！……"满屋子的手都拱起来，膝关节和腿关节接二连三地弯曲，仿佛也要蹲下去似的。

"这位就是先前说过的高干亭兄。"老钵指着高老夫子，向毛家的大儿子说。

"哦哦！久仰久仰！……"毛家的大儿子向他连连拱手，并且点头。

屋子里早就放好了打牌用的方桌，黄三一边招呼客人，一边布置座位和筹码。没多久，每一个桌角上都点起一枝细瘦的洋烛，他们四人便坐下了。

四周一点声音都没有。只有牌拍在桌面上的声音，在初夜的寂静中清彻作响。

高老夫子的牌风并不坏，但他仍旧愤愤不平。他本来是什么都容易忘记的，唯独这一次，他却总认为世风令人忧虑。即使自己面前的筹码渐渐增多，也不能使他舒适，使他乐观。但时移俗易，在打完第二圈，他快要凑成"清一色"[1]的和牌的时候，他终于觉得世风好了起来。

一九二五年五月一日

[1]　一种麻将用语，指由一种花色的序数牌组成的和牌。

一、根据文章判断正误。

（　　　　）1. 高老夫子的原名叫高干亭。

（　　　　）2. 高老夫子来贤良女学校任教是因为想当老师。

（　　　　）3. 作为学校教务长的万瑶圃并没有真正的才学。

（　　　　）4. 高老夫子在上课前不想和万瑶圃深入交谈。

（　　　　）5. 高老夫子讲课时感觉"半屋子都是眼睛"是因为他身体不舒服。

二、根据文章填空。

1. 但自从他在《大中日报》上发表《论中华国民皆有整理国史之义务》这样一篇＿＿＿＿＿＿＿＿的文章，又收到贤良女学校的聘请书后，他开始觉得黄三＿＿＿＿＿＿＿＿，甚至有些下等人的模样了。

2. 因为黄三＿＿＿＿＿＿＿＿了学校，而且这时他的手表已经两点半了，距离上课时间只有半小时了，所以他有些＿＿＿＿＿＿＿＿，显出＿＿＿＿＿＿＿＿的神情。

3. 何校长不在学校，接待他的是花白胡子的教务长，＿＿＿＿＿＿的万瑶圃。

4. 尔础实在有些着急了，他希望瑶圃不要再说话，好让自己能＿＿＿＿＿＿，赶紧想一想东晋之兴亡。

5. 他本来是什么都容易忘记的，＿＿＿＿＿＿＿＿这一次，他却总认为世风令人＿＿＿＿＿＿＿＿。

三、根据文章回答问题。

1. 高老夫子为什么改名字？你怎么看待他改名字这一行为？

2. 请结合文章，谈一谈高老夫子为什么由先前的赞成兴女学、办女校，改为反对的态度？

练习参考答案

阿Q正传

第一章 序

一、1. ×　2. √　3. ×　4. ×　5. √

二、1. 不朽

2. 恰好　　　手舞足蹈

3. 配

4. 辩解

5. 绝　　　牵强附会

三、略

第二章 优胜记略

一、1. ×　2. ×　3. √　4. √　5. √

二、1. 阔

2. 不以为意

3. 心满意足　　自轻自贱

4. 不幸　　　倒几乎

5. 若有所失

三、略

第三章 续优胜记略

一、1. √　2. ×　3. √　4. ×　5. √

二、1. 不足为奇

2. 好不容易

3. 向来　　　嘲笑

4. 耸

5. 怪不得　　倒霉

三、略

第四章 恋爱的悲剧

一、1. ×　2. √　3. √　4. √　5. ×

二、1. 喜悦　　无聊　　投降　　悲哀

2. 砰　　粗　　竹竿

3. 看热闹

4. 猛然

5. 抵押　　　约定

三、略

第五章 生计问题

一、1. √　2. √　3. ×　4. ×　5. √

二、1. 钻

2. 稀奇　　　不至于

3. 谦虚

4. 不足挂齿　　势均力敌

5. 幸亏

三、略

第六章 从中兴到末路

一、1. √　2. √　3. √　4. ×　5. ×

二、1. 敬重

2. 悚然　　　欣然　　　垂头丧气

3. 物美价廉

4. 似笑非笑

5. 敬畏　　　远远　　　敬而远之

三、略

第七章 革命

一、1. √　2. √　3. ×　4. ×　5. √

二、1. 和睦

2. 惴惴不安

3. 和气

4. 牢不可破

5. 灵通　　　志同道合

三、略

第八章 不准革命

一、1. ×　2. √　3. √　4. √　5. √

二、1. 如意

2. 揪　　惩罚

3. 惊讶　佩服　骤然

4. 怯怯　大吃一惊

5. 出路　抱负　志向　希望　前程

三、略

第九章 大团圆

一、1. √　2. ×　3. ×　4. ×　5. √

二、1. 快意　　恐慌

2. 魂飞魄散

3. 听话　　耸

4. 泰然　　免不了

5. 无师自通

三、略

孔乙己

一、1. ×　2. √　3. ×　4. ×　5. √

二、1. 幸亏　　辞退

2. 之乎者也　半懂不懂

3. 不屑　　捞

4. 附和　　责备

5. 大约　　的确

三、1. B　2. E　3. C　4. A　5. D

四、略

祝 福

一、1. √　2. ×　3. √　4. √　5. ×

二、1. 横七竖八

2. 丝毫　　懈怠　　勤快

3. 与众不同

4. 悲哀　　厌烦　　唾弃

5. 疑虑　　一扫而空　蹒跚

三、略

高老夫子

一、1. √　2. ×　3. √　4. √　5. ×

二、1. 脍炙人口　一无所长

2. 诽谤　　气愤　　焦躁

3. 大名鼎鼎

4. 聚精会神

5. 唯独　　忧虑

三、略

词汇表

图书在版编目（CIP）数据

鲁迅短篇小说精选 / 刘静静编. -- 上海：上海外
语教育出版社，2023
（阅读中国·外教社中文分级系列读物 / 程爱民总
主编. 六级）
ISBN 978-7-5446-7426-3

Ⅰ. ①鲁…　Ⅱ. ①刘…　Ⅲ. ①汉语—对外汉语教学—
语言读物　Ⅳ. ①H195.5

中国国家版本馆 CIP 数据核字（2023）第 089316 号

出版发行：**上海外语教育出版社**
　　　　　（上海外国语大学内）　邮编：200083
电　　话：021–65425300 (总机)
电子邮箱：bookinfo@sflep.com.cn
网　　址：http://www.sflep.com
责任编辑：高楚凡

印　　刷：绍兴新华数码印刷技术有限公司
开　　本：787×1092　1/16　印张 7.75　字数 126 千字
版　　次：2023 年 11 月第 1 版　　2023 年 11 月第 1 次印刷
书　　号：ISBN 978-7-5446-7426-3
定　　价：39.00 元

本版图书如有印装质量问题，可向本社调换
质量服务热线：4008-213-263